AF451937

CATALOGUE

DES LIVRES

DE LA BIBLIOTHÉQUE

DE FEUE MADAME

LA DUCHESSE DE MAZARIN.

DONT la Vente se fera en son Hôtel, Quai Malaquais, au plus offrant & dernier Enchérisseur, le MARDI 15 Janvier 1782, 3 heures de relevée, & jours suivans.

LE présent Catalogue se distribue

A PARIS,

Chez P. M. DELAGUETTE, Imprimeur de la Cour des Monnoies, rue de la Vieille-Draperie.

M. DCC. LXXXII.

CATALOGUE
DES LIVRES
DE LA BIBLIOTHÉQUE
DE FEUE MADAME
LA DUCHESSE DE MAZARIN.

THÉOLOGIE.

N°.

1 LA Sainte Bible, traduite en François par M. de Sacy. *Bruxelles*, 1702, *in-12. 8 vol.*

2 Physique sacrée, ou Histoire naturelle de la Bible, traduite du latin de M. Scheuchzer. *Amsterd.*, 1732, *in-fol. 8 vol. fig. m. r.*

3 Livre d'Heures, sur vélin, gothique, *avec lettres & fig. coloriées.*

4 L'Office de la Semaine sainte, à l'usage de la Maison du Roi. *Paris*, 1741, *in-8°. m. r.*

5 L'Office de la Semaine sainte. *Paris*, 1758, *in-8. m. r.*

6 Sermons du P. Bourdaloue. *Paris*, 1723, *in-12. 18 vol. d. s. t. manque le tom. 1. des Dominicales.*

7 Histoire du Concile de Trente, par Fra-Paolo Sarpi, trad. par le Courayer. *Amst. 1751, in-4. 3 vol.*

8 Les Vies des Saints de l'Ordre de S. Dominique. *Paris, 1616, in-4.*

A

9 Concordance des Principes & de la Doctrine de
S. Paul. *Rome, in-12. br.*

10 L'Année Chrétienne , par M. Letourneux. *in-12.*
13 *tom. en* 21 *vol. m. j.*

11 Lettres édifiantes & curieuses , écrites des Missions
étrangeres. *Paris,* 1717, *in-12.* 21 *tom. en* 19 *vol.*

12 Les Lettres Provinciales. *La Haye,* 1772, *in-8.*

13 Les Emblêmes d'Amour divin & humain, par un Capucin. *Paris, in-12. fig.*

14 De la Providence , Traité historique, dogmatique &
moral, par Touron. *Paris,* 1752, *in-12.*

15 Histoire de piété & de morale, par M. L. D. C.
Paris, 1710, *in-12.*

JURISPRUDENCE.

16 CAUSES célébres & intéressantes , par Gayot
de Pitaval, avec la continuation. *Paris,* 1739, *in-12.*
24 *vol.*

17 Recueil général des piéces contenues au procès de
M. le Marquis de Gesvres & de Mlle. de Mascrany son
épouse. *Rotterdam,* 1714, *in-12.* 2 *vol.*

18 Mémoire d'Anne-Marie de Moras, Comtesse de Cour-
bon. *La Haye,* 1740, *in-12.*

19 Recueil de toutes les pieces du procès entre M. &
Madame de la Bedoyere. *La Haye,* 1749, *in-12.*
2 *part. en un vol.*

20 Procès du Comte de Lally. 1766, *in-4.* 3 *vol.*

21 Mémoires de M. Linguet. *Londres,* 1776, *in-12.*
11 *vol. br.*

22 Œuvres de Linguet. *Londres, in-12.* 6 *vol. br.*

23 Apologie de tous les Jugemens rendus par les Tribu-
naux séculiers de France. 1752, *in-12.* 2 *vol.*

24 Acte de notoriété, donné à MM. le Marchant de
Caligny. *Paris,* 1768, *in-12. m. r.*

25 L'Avocat, ou Réflexions sur l'exercice du Barreau.
Paris, 1778, *in-8.*

SCIENCES ET ARTS.

26 DICTIONNAIRE des Sciences, Arts & Métiers. *Paris,* 1751, *in-fol.* 28 *vol.*

27 Dictionnaire raisonné des Sciences, Arts & Métiers.
Geneve, 1778, *in-4.* 39 *vol.*

28 Anecdotes des Beaux Arts. *Paris*, 1776, *in-8. 2 vol.*

29 Les Caractères de Théophraste. *Paris*, 1705, *in-12.* 2 vol.

30 Les mêmes, avec des notes, par M. Coste. *Par.* 1765, *in-4.*

31 Les Caractères, par Madame de P***. *Lond.* 1750, *in-12. 2 vol.*

32 La Doctrine des Mœurs tirée de la philosophie des Stoiques, représentée en 100 tableaux. *Paris*, 1646, *in-fol.*

33 L'Ami des Hommes, ou Traité de la population. *Avignon*, 1756, *in-4. 2 vol.*

34 Entretiens sur la pluralité des mondes, par M. de Fontenelle. *Paris*, 1703, *in-12.*

35 Des Passions, par l'Auteur du Traité de l'Amitié. *Londres*, 1764, *in-8.*

36. . . . .
. . . .
. . . .

37 Portrait des foiblesses humaines. *Par.* 1685, *in-24.*

38 Les Usages. *Geneve*, 1762, *in-12. 2 tom. en 1 vol.*

39 Traité contre le luxe des hommes & des femmes, & contre le luxe avec lequel l'on éleve les enfans de l'un & de l'autre sexe. *Paris*, 1705, *in-12. m. r.*

40 Histoire des Oracles. *Paris*, 1686, *in-12.*

41 Tableau du Siécle. *Geneve*, 1760, *in-12.*

42 Défense du beau-sexe. *Amst.* 1753, *in-12. 4 vol.*

43 Apologie des bêtes, ou leurs connoissance & raisonnement, par M. de Beaumont. *Paris*, 1732, *in-8.*

44 Les Regles du jeu de Reversis. *Dijon*, 1723, *in-12. m. r.*

45 Le jeu de l'Ombre avec ses pertintailles. *Par.* 1713 *in-12.*

46 Le Prince de Machiavel. *Amsterd.* 1684, *in-12.*

47 Recueil de diverses histoires politiques & morales, par M. Delavau. *Rouen*, 1721, *in-12. 4 tom. en 2 vol.*

48 Mémoires historiques, politiques, critiques & littéraires, par Amelot de la Houssaye. *Amsterdam*, 1737, *in-12. 3 vol.*

49 Réflexions d'un Militaire, sur l'utilité de la religion pour la conduite des armées & le gouvernement des peuples. *Londres*, 1759, *in-12.*

50 Essai sur la morale de l'homme, ou Philosophie de la nature. *Amst.* 1770, *in-12. 6 vol.*

4   S C I E N C E S   E T   A R T S.

51 Essais moraux & politiques, traduits de l'Anglois de M. Hume. *Amst.* 1764, *in-12.* 4 *vol.*

52 Histoire du sistême des Finances sous la minorité de Louis XV. *La Haye*, 1739, *in-12.* 3 *vol.*

53 Histoire naturelle de la Caroline, de la Floride & des Isles de Bahama, avec des observations sur l'air, le sol & les eaux, par M. Catesby, & revue par M. Edwards, Anglois & François. *Londres*, 1754, *in-fol.* 2 *vol. gr. pap. fig. color.*

54 Théatre des Jardinages par Mollet. *Paris*, 1663, *in-4.*

55 Les ruses du Braconage. *Paris*, 1771, *in-12.*

56 Ecole Militaire. *Paris*, 1762, *in-12.* 3 *vol.*

B E L L E S - L E T T R E S.

57 Traité des Etudes par M. Rolin. *Paris*, 1740, *in-4.* 2 *vol.*

58 Dictionnaire de l'Académie Françoise. *Paris*, 1762, *in-fol.* 2 *vol.*

59 Dictionnaire universel, françois & latin, appellé Dictionnaire de Trévoux. *Paris*, 1752, *in-fol.* 7 *vol.*

60 Dictionnaire Néologique, à l'usage des beaux esprits du siécle, avec l'Eloge historique de Pantalon-Phœbus, 1727, *in-12.*

61 Dictionnaire Italien & François, de Veneroni. *Paris*, 1749, *in-4.* 2 *vol.*

62 Le Maître Italien. *Paris*, 1752, *in-12.*

63 Leçons hebdomadaires de la Langue Italienne, à l'usage des Dames, par M. l'Abbé Bencirechi. *Paris*, 1772, *in-12.*

64 Rhétorique Françoise. *Paris*, 1765, *in-12.*

65 Poëtique Françoise de Marmontel. *Paris*, 1763, *in-8.* 2 *vol.*

66 L'Iliade & l'Odissée d'Homere, traduite par madame Dacier. *Paris*, 1756, *in-12.* 8 *vol.*

67 L'Iliade & l'Odissée d'Homere. *Paris*, 1681, *in-12.* 4 *vol.*

68 Œuvres d'Anacréon & de Sapho. *Paris*, 1692, *in-12.*

69 Extrait de Roland l'Amoureux, par M. le Comte de Tressan. *Paris*, 1780, *in-12. br.*

70 Roland le Furieux, Poëme héroïque de l'Arioste, *Paris*, 1780, *in-12.* 4 *vol. br.*

71 Les Comédies de Térence, traduites en françois, avec des remarques, par Madame D***. *Lyon*, 1695, *in-12.* 3 *vol.*

72 Œuvres de Virgile, en latin & en françois. *Paris*, 1751, *in-12.* 4 *vol.*

73 Œuvres d'Horace en latin & en françois, par Madame Dacier. *Amsterdam*, 1727, *in-12.* 10 *vol.*

74 Poësies d'Horace, traduites par Sanadon. *Paris*, 1756, *in-16.* 3 *vol.*

75 Remarques critiques sur les Œuvres d'Horace. *Paris*, 1681, *in-12.* 10 *vol.*

76 Les Métamorphoses d'Ovide, en latin, traduites en françois, avec des remarques & des explications historiques par M. l'Abbé Bannier ; Ouvrage enrichi de figures gravées par B. Picart. *Amsterd.* 1732, *in-fol.*

77 Les mêmes, avec des explications à la fin de chaque Fable, traduites par M. l'Abbé de Bellegarde. *Amst.* 1716, *in-12.* 2 *vol. fig.*

78 Les mêmes, traduites par M. Du-Ryer. *Paris*, 1704, *in-12.* 3 *vol. fig.*

79 Les mêmes, traduites par le même. *La Haye*, 1744, *in-12.* 4 *vol. fig.*

80 L'art d'aimer & le Remede d'amour, traduction d'Ovide. *Amsterdam*, 1751, *in-12. fig.*

81 Les Œuvres galantes & amoureuses d'Ovide, traduction nouvelle en Vers françois. *Cythere*, 1756, *in-12.*

82 Recueil des plus beaux Vers qui ont été mis en chant, avec le nom des Auteurs tant des airs que des paroles. *Paris*, 1661, *in-12.*

83 Recueil des plus belles Pieces des Poëtes François. *Paris*, 1752, *in-12.* 6 *vol.*

84 Le Roman de la Rose, sur velin, *in-fol. avec 101 fig.* & *lettres coloriées, m. r.*

85 Satyres & autres Œuvres de Regnier. *Londres*, 1733, *in-fol.*

86 Poësies de Madame Deshoulieres. *Paris*, 1725, *in-8.* 2 *vol.*

87 Les mêmes. *Paris*, 1747, *in-12.* 2 *vol.*

88 Contes & Nouvelles en vers, par D. L. F. *Londres*, 1757, *in-12.* 2 *tom. en* 1 *vol.*

89 Les mêmes. *Amsterdam*, 1762, *in-12.* 2 *vol. fig. v. éc. d. s. t.*

90 Fables de la Fontaine. *Paris*, 1719, *in-12.* 5 *vol. fig.*

91 Les mêmes. *Paris*, 1755, *in-fol.* 4 *vol. fig.*

92 Poësies Chrétiennes, par de la Fontaine. *Paris*, 1682, *in-12. 3 vol.*

93 Fables Nouvelles, par M. de la Motte. *Paris*, 1719, *in-4. fig.*

94 Œuvres de la Motte. *Paris*, 1754, *in-12. 10 tom. en 11 vol.*

95 Œuvres de Boileau. *La Haye*, 1722, *in-12. 4 vol. fig. m. v.*

96 Les mêmes, avec des éclaircissemens historiques. *La Haye*, 1729, *in-fol. 2 vol. fig. gr. pap. m. r.*

97 Œuvres de Chaulieu. *Paris*, 1750, *in-12. 2 vol.*

98 Œuvres de Palaprat. *Paris*, 1712, *in-12. 2 vol.*

99 Les mêmes. *Paris*, 1735, *in-12.*

100 Œuvres de Vergier. *Amsterd.* 1726, *in-12. 2 tom. en 1 vol.*

101 Œuvres de Rousseau. *Amsterd.* 1729, *in-12. 4 vol.*

102 Les mêmes. *Amsterdam*, 1729, *in-12. 3 vol. fig.*

103 Les mêmes, revues par Seguy. *Bruxelles*, 1743, *in-4. 3 vol.*

104 Œuvres de Gresset. *Londres*, 1755, *in-12. 2 vol.*

105 Poësies de M. l'Abbé Lattaignant. *Paris*, 1757, *in-12. 2 vol.*

106 Clovis, Poëme. *Paris*, 1763, *in-12. 3 vol.*

107 La Perrissée, ou Voyage de Sire Pierre en Dunois. *La Haye*, 1763, *in-12.*

108 La Dunciade. *Londres*, 1773, *in-8.*

109 Recherches sur les Théatres de France, par M. de Beauchamps. *Paris*, 1753, *in-12. 3 vol.*

110 Dictionnaire des Théatres. *Paris*, 1756, *in-12. 7 vol.*

111 Dictionnaire des Théatres, par M. de Leris. *Paris*, 1763, *in-8.*

112 Œuvres de Scarron. *Paris*, 1720, *in-12. 7 vol.*

113 Le Roman Comique de Scarron. *Paris*, 1733, *in-12. 3 vol.*

114 Œuvres de P. & T. Corneille. *Paris*, 1722, *in-12. 10 vol.*

115 Le Théatre de P. Corneille. *Paris*, 1723, *in-12. 5 vol. fig.*

116 Le Théatre de Quinault. *Paris*, 1715, *in-12. 5 vol. fig.*

117 Le même. *Paris*, 1739, *in-12. 5 vol.*

118 Œuvres de Moliere. *Paris*, 1682, *in-12. 7 vol. fig.*

119 Les mêmes. *Paris*, 1718, *in-12. 8 vol. fig.*

120 Œuvres de Moliere. *Paris*, 1749, *in*-12. 8 *vol.* *fig.*
121 Pieces de Théatre de Boursault. *Paris*, 1694, *in*-18.
122 Théatre de Boursault. *Paris*, 1725, *in*-12. 3 *vol.*
123 ——— de MM. de Montfleury, pere & fils. *Paris*, 1739, *in*-12. 3 *vol.*
124 Œuvres de Racine. *Paris*, 1736, *in*-12. 2 *vol.* *fig.*
125 Les mêmes. *Paris*, 1760, *in*-12. 3 *vol.*
126 Les Œuvres de Champmeslé. *Paris*, 1702, *in*-12.
127 ——— de Pradon. *Paris*, 1700, *in*-12.
128 Les mêmes. *Paris*, 1744, *in*-12. 2 *vol.*
129 Tragédies de Campistron. *Paris*, 1715, *in*-12.
130 Œuvres de Campistron. *Paris*, 1739, *in*-12. 2 *vol.*
131 ——— de Dancourt. *Paris*, 1711, *in*-12. 7 *vol.*
132 Théatre de Baron. *Paris*, 1759, *in*-12. 3 *vol.*
133 Œuvres de Dufresny. *Paris*, 1748, *in*-12. 5 *vol.*
134 Théatre de M. de Brueys. *Paris*, 1735, *in*-12. 3 *vol.*
135 Œuvres de Théatre de Brueys & de Palaprat. *Paris*, 1755, *in*-12. 5 *vol.*
136 Les Œuvres de Regnard. *Paris*, 1731, *in*-12. 5 *vol.*
137 Les mêmes. *Paris*, 1758, *in*-12. 4 *vol.*
138 Œuvres de la Grange-Chancel. *Paris*, 1735, *in*-12. 3 *vol.*
139 Les Œuvres de M. Delafosse. *Paris*, 1718, *in*-12. 2 *vol.*
140 Les mêmes. *Paris*, 1737, *in*-12.
141 Théatre de M. Boindin. *Paris*, 1714, *in*-12.
142 Piéces de Théatre de Mlle. Barbier. *Paris*, 1713, *in*-12.
143 Œuvres de M. de Crébillon. *Paris*, 1750, *in*-4. *m. r.*
144 Les mêmes. *Paris*, 1754, *in*-12. 3 *vol.*
145 Les mêmes. *Paris*, 1755, *in*-12. 2 *vol.*
146 Les Œuvres de Théatre de Delafont. *Paris*, 1713, *in*-12.
147 Œuvres de Destouches. *Paris*, 1745, *in*-12. 5 *vol.*
148 Les mêmes. *La Haye*, 1754, *in*-12. 10 *vol.*
149 Œuvres de Voltaire. 1756, *in*-8. 29 *vol.*
150 Les mêmes, 9 *vol. séparés.*
151 La Henriade travestie en vers burlesques. *Berlin*, 1744, *in*-12.
152 Voltariana, ou Eloges amphigouriques de M. de Voltaire. *in*-8.
153 De Voltaire peint par lui-même, ou Lettres de cet Ecrivain. *Lausanne*, 1772, *in*-12.

154 Œuvres de Théatre de Boiſſy. *Paris*, 1738, *in-8.* 8 *vol.*

155 Les mêmes, contenant ſon Théatre italien & françois. *Amſterdam*, 1758, *in-12.* 8 *vol.*

156 Théatre de la Chauſſée. *Paris*, 1741, *in-12.* 2 *vol.*

157 Le même. *Paris*, 1762, *in-12.* 5 *vol.*

158 Théatre & Œuvres diverſes de Pannard. *Paris*, 1763, *in-12.* 4 *vol.*

159 Les mêmes. *Paris*, 1763, *in-12.* 4 *vol.*

160 Œuvres de Théatre de Saint-Foix. *Paris*, 1748, *in-12.* 2 *vol.*

161 Les mêmes. *Paris*, 1748, *in-12.* 2 *vol.*

162 Œuvres de Théatre de Piron. *Amſterdam*, 1755, *in-12.*

163 Les mêmes. *Paris*, 1776, *in-12.* 9 *vol.*

164 Œuvres de G***. 1761, *in-12.* 4 *vol.*

165 Œuvres de Marmontel. *La Haye*, 1757, *in-12.*

166 Théatre de Favart. *Paris*, 1763, *in-8.* 8 *vol.*

167 ———— de Marivaux. *Amſterd.* 1756, *in-12.* 4 *vol.*

168 Le même. *Amſterd.* 1756, *in-12.* 4 *vol.*

169 Œuvres de Théatre de M. Diderot. *Amſterd.* 1759, *in-12.* 2 *vol.*

170 Théatre à l'uſage des jeunes perſonnes. *Paris*, 1779, *in-8.* 4 *vol.*

171 Proverbes Dramatiques. *Paris*, 1768, *in-8.* 6 *vol.*

172 Piéces de Théatre. *Paris*, 1759, *in-8.* & *in-12.* 12 *vol.*

173 Poëſies diverſes, par Tanevot. *Paris*, 1732, *in-12.*

173 *bis* Les Saiſons. *Amſterdam*, 1769, *in-8.*

174 Contes de Guillaume Vadé. 1764, *in-8.* 2 *vol.*

175 Œuvres de Vadé. *Paris*, 1755, *in-8.* 2 *vol.*

176 Les mêmes. *Paris*, 1758, *in-8.* 4 *vol.*

177 Hiſtoriettes galantes, tant en proſe qu'en vers. *La Haye*, 1730, *in-12.*

178 Idylles & Poëmes Champêtres de Geſner. *Lyon*, 1762, *in-12.*

179 Odes de M. D***, avec un Diſcours ſur la Poëſie en général, & ſur l'Ode en particulier. *Paris*, 1707, *in-12.*

180 Nouveau Choix de Chanſons. *Paris*, 1761, *in-12.* 26 *vol.*

181 Recueil choiſi de Chanſons & de Poëſies Mâçonnes. *in-12.* 3 *vol. br.*

182 Poësies paſtorales , par de Fontenelle. *Paris*, 1698, *in - 12.*

183 Piéces dérobées à un Ami. *Amſterdam*, 1750 , *in-12.* 2 *vol.*

184 La mort d'Abel. *Paris* , 1760 , *in-12.*

185 Adelle , Comteſſe de Ponthieu , Tragédie par M. de la Place. *Paris* , 1758, *in-12.*

186 Pharamond , Tragédie , par M. de C***. *Paris*, 1736 , *in-8. m. r.*

187 Le Pot-pouri. —— Lettre de Zeila. —— Regulus , Tragédie. *Genève* , 1764, *in-8. fig.*

188 Cent Volumes d'Opéra , *in-fol.* & *in-4.* gravés , imprimés & manuſcrits, que l'on détaillera.

189 Le Coq du Village , Opéra Comique, par M. Favart. *Paris* , 1743 , *in-8.*

190 Le Théatre Italien de Gherardi. *Paris*, 1700 , *in-12.* 6 *vol. manque les tom.* 1 & 2.

191 Les Parodies du nouveau Théatre Italien. *Paris*, 1738 , *in-12.* 4 *vol.*

192 Le Théatre de la Foire. *Paris*, 1721 , *in-12.* 10 *vol. fig.*

193 Nouvelle Traduction françoiſe de l'Aminte du Taſſe , avec le texte à côté. *Paris* , 1734 , *in-12.*

194 Les Peintures de Philoſtrate. *Paris*, 1637 , *in-fol.*

195 Mythologie ou Explication des Fables , par J. Baudoin. *Paris*, 1627 , *in-fol. fig. gr. pap.*

196 De la vérité des Fables , ou Hiſtoire de l'Antiquité des Dieux. *Paris*, 1748 , *in 8.* 2 *vol.*

197 Le Temple des Muſes , orné de LX. Tableaux , où ſont repréſentés les événemens les plus remarquables de l'Antiquité fabuleuſe , deſſinés & gravés par J. B. Picart le Romain. *Amſterdam* , 1749, *in-fol.*

198 Nouvelle Hiſtoire Poëtique. *Paris* , 1751 , *in - 12.* 3 *vol.*

199 Explication des Fables , par M. l'Abbé Banier. *Paris* , 1742 , *in-12.* 3 *vol.*

200 Dictionnaire de la Fable , par Chompré. *Paris* , 1774 , *in-12.*

201 HISTOIRE de l'Amant reſſuſcité de la mort de l'Amour , en cinq livres, par Theodore Valentinien, François. *Paris* , 1572 , *in-8. m. b.*

202 Les amours des Dieux, par de la Serre. *Paris* , 1629 , *in-12.*

203 Les Images des Dieux. *Lyon*, 1624, *in-8. avec fig. m. r.*

204 Histoire des Déesses, par de la Serre. *Paris*, 1628, *in-12.*

205 Les Avantures & Amours d'Ulisse avec la Déesse Calypso. *Amsterdam*, 1709, *in-12.*

206 Les Amours de Theagenes & de Chariclée. *Amsterdam*, 1727, *in-12. 2 tom. en un vol.*

207 Les Amours de Clitophon & de Leucippe, tirés du grec d'Achilles Statius Alexandrin. *Paris*, 1625, 1 *vol. in-12.*

208 Les mêmes. *Paris*, 1635, *in-12.*

209 Les Amours de Leucippe & de Clitophon. *Amsterdam*, 1733, *in-12. 2 tom. en un vol.*

210 Les Adventures amoureuses d'Ismene & d'Ismenie, histoire grecque d'Eustathius, mise en françois par Colletet. *Paris*, 1625, *in-12.*

211 Les Métamorphoses, ou l'Ane d'or d'Apulée, Philosophe Platonicien, avec le Démon de Socrate. *Paris*, 1707, *in-12. 2 vol. fig.*

212 Les Amours de Psiché & de Cupidon, par de la Fontaine. *Paris*, 1669, *in-8.*

213 L'Amour à la mode, Satyre historique. *Paris*, 1695, *in-12.*

214 La Diane de Monte-Major, par Remy. *Paris*, 1624, *in-12. 2 vol. m. b.*

215 L'Aimerinde. *Paris*, 1646, *in-12.*

216 Les diverses Fortunes de Panfile & de Nise. *Paris*, 1614, *in-12.*

217 Le Calloandre fidele, par M. de Scudery. *Paris*, 1668, *in-12. 3 vol.*

218 Diane de France, Nouvelle historique. *Paris*, 1675, *in-12.*

219 La Diane des Bois, par le sieur de Prefontaine. *Paris*, 1728, *in-12.*

220 Les Amours d'Indimion & de la Lune. *Paris*, 1624, *in-12.*

221 L'Astrée de d'Urfé. *Paris*, 1621, *in-12. 7 vol.*

222 Le même. *Paris*, 1733, *in-12. 10 vol. manque le tom. 3e.*

223 L'Orphise de Chrysante. *Paris*, 1626, *in-12.*

224 L'Uranie du sieur de Montagathe, où sous des noms empruntés se voient plusieurs aventures amoureuses & guerrieres. *Paris*, 1625, *in-12.*

225 L'Angélique du fieur de Montagathe. *Paris*, 1625, *in-12.*

226 Alexandre & Ifabelle. 1626, *in-12.*

227 La Chryfolite, ou le fecret des Romans, par Marefchal. *Paris*, 1628, *in-12.*

228 Les Artifices de la Cour, ou les Amours d'Orphée & d'Amaranthe, par de la Serre. *Paris*, 1632, 1 *vol. in-12.*

229 La Nouvelle Amaranthe. *Paris*, *in-12.*

230 Les Amours d'Ircandre & de Sophonie. *Paris*, 1636, *in-12.*

231 Hiftoire Indienne d'Anaxandre & d'Orazie. *Paris*, 1629, *in-12.*

232 L'Incefte innocent. *Paris*, 1651, *in-12.*

233 L'Illuftre Amalazonthe, par le même. *Paris*, 1645, *in-12.*

234 Rofane, hiftoire tirée de l'hiftoire des Romains & des Perfes, par Defmarctz. *Paris*, 1639, *in-8.*

235 Axiane. *Paris*, 1647.

236 Periftandre, ou l'illuftre Captif. *Paris*, 1642, *in-12.* 2 *tom. en* 1 *vol.*

237 L'Antiope de Guerin. *Paris*, 1644, *in-12.* 2 *vol.*

238 Les Amours de Lyfandre & de Califte. *in-24. fig.*

239 Le Chevalier des Effarts & la Comtefle de Bercy. *Amfterdam*, 1750, *in-12.* 2 *vol.*

240 Les Amours d'Ariftandre & de Cleonice, par le fieur d'Audiguier. *Paris*, 1626, *in-12.*

241 La Clytie, ou le Roman de la Cour, par de la Serre. *Paris*, 1640, *in-12. m. b.*

242 Le Polemire, ou l'illuftre Polonois. *Paris*, 1647, *in-12.*

243 Hiftoire de Celimaure & de Felifmene. *Paris*, 1665, *in-12.* 2 *tom. en* 1 *vol.*

244 Zayde, Hiftoire Efpagnole, par M. de Segrais. *Paris*, 1719, *in-12.* 2 *vol.*

245 La même. *Paris*, 1725, *in-12.* 2 *vol.*

246 Arafpe & Simandre, Nouvelle. *in-16.* 2 *tom. en un vol.*

247 Le Solitaire, Nouvelle. *Paris*, 1677, *in-24.*

248 La Princeffe Agathonife, ou les différens Caracteres de l'Amour. *Paris.* — L'Amour en fureur, *in-18.*

249 Le Courier d'Amour. *Paris*, 1679, *in-12.*

250 Hiftoire des Amans volages de ce temps, par de Roffet. *Paris*, 1619, *in-12.*

251 Voyage de Campagne, par Madame la Comtesse de M ***. *Paris*, 1699, *in*-12. 2 *vol.*

252 La Comtesse de Mortane. *Paris*, 1699, *in*-12. 2 *vol.*

253 Agiatis, Reine de Sparte, ou les Guerres civiles des Lacédémoniens. *Paris*, 1685, *in*-12. 2 *tom. en* 1 *vol.*

254 Scanderberg, ou les Aventures du Prince d'Albanie. *Paris*, 1732, *in*-12. 2 *vol.*

255 Hermiogene. *Paris*, 1648, *in*-12. 2 *vol.*

256 Mitridate. *Paris*, 1651, *in*-12. 4 *part. en* 2 *vol.*

257 Le Toledan. *Paris*, 1653, *in*-12. 5 *vol.*

258 L'Arcadie de la Comtesse de Pembroc, par Sidney, mise en françois par J. Baudoin. *Paris*, 1624, *in*-12. 3 *vol.*

258 *bis.* La même. *Paris*, 1625, *in*-12. 4 *vol. fig.*

259 Les Bigarrures & Touches du Seigneur des Accords, avec les Apophtegmes du sieur Gaulard & les Ecraignes Dijonnoises. *Paris*, 1603, *in*-18.

260 Les Amours historiques des Princes. *Paris*, 1642, *in*-12.

261 Floridor & Dorise, histoire véritable de ce temps, par Dubail. *Paris*, 1633, *in*-12.

262 Roman des Romans, par Duverdier. *Paris*, 1729, *in*-12. 7 *vol. m. r.*

263 Les Amazones de la Cour, par le sieur Duverdier. *Paris*, 1632, *in*-12.

264 La Diane Françoise de Duverdier. *Paris*, 1624, *in*-12.

265 Fuite de Rozalinde, par Duverdier. *Paris*, 1643, *in*-12.

266 L'Amour Avantureux, par Duverdier. *Paris*, 1623, *in*-12.

267 Les Amours d'Amisidore & Chrysolite, par Dubail. *Paris*, 1623, *in*-12.

268 La Dianée. *Paris*, 1642, *in*-12. 2 *vol.*

269 Caritée, ou la Cyprienne amoureuse. *Toloze*, 1431, *in* 12.

270 Le Cretidée du Manzini. *Paris*, 1643, *in*-12.

271 Clorinde. *Paris*, 1654, *in*-12. 2 *vol.*

272 Les Amours de Poliarque & d'Argenis. *Paris*, 1622, *in*-12.

273 Histoire des Amours de Chereas & de Callirrhoé. *Paris*, 1763, *in*-12. 2 *vol.*

274 Les Amours de Cloriarque & d'Ilis. *Paris*, 1639, *in*-12.

275 Artamene, ou le Grand Cyrus, par M. de Scudery. *Paris*, 1656, *in*-12. 10 *vol. m. r.*

276 Clélie , Histoire Romaine , par M. de Scudery. *Paris*, 1656, *in-12.* 10 *vol.*

277 Almahide ou l'Esclave , revu par M. de Scudery. *Paris*, 1660, *in-12.* 8 *vol.*

278 Mathilde. *Paris*, 1667, *in-12.*

279 Laodice, par M. de Pelisseri. *Paris*, 1661, *in-12.* 2 *vol.*

280 Tarsis & Zelie. *Paris*, 1665, *in-12.* 4 *vol.*

281 Rodogune , ou l'Histoire du Grand Antiochus. *Paris*, 1668, *in-12.*

282 Sapor, Roi de Perse, par M. Duperret. *Paris*, 1668, *in-12.* 5 *vol.*

283 Les Aventures de Melindor & d'Amasie. *Paris*, 1635, *in-8.*

284 L'Olimpe , ou la Princesse inconnue , par Dubail. *Paris*, 1635, *in-12.*

285 Les heureuses infortunes de Celiante & Marilinde. *Paris*, 1662, *in-12.*

286 Florigenie, ou l'Illustre Victorieuse , par du Broquart. *Paris*, 1647, *in-12.*

287 Amelonde. *Paris*, 1699, *in-18.*

288 Les Aventures d'Aristrée & de Telasie. *Paris*, 1731, *in-12.* 2 *tom. en* 1 *vol.*

289 Les Veillées de Thessalie. *Paris*, 1731, *in-12.*

290 Les mêmes, par Mademoiselle de Lussan. *Paris*, 1741, *in-12.* 4 *vol.*

291 Histoire de la Comtesse de Gondes. *Paris*, 1725, *in-12.* 2 *vol.*

292 La Vie de Marianne , par Marivaux. *Amsterdam*, 1764, *in-12.* 2 *vol.*

293 Le Paysan parvenu, ou les Mémoires de M ***. par le même. *La Haye*, 1751, *in-12.* 2 *vol.*

294 Le même. *Paris*, 1776, *in-12.* 2 *vol.*

295 Histoire de Gilblas de Santillanne, par M. le Sage. *Paris*, 1721, *in-12.* 4 *vol.*

296 Vie de Gusman d'Alfarache. *Paris*, 1621, *in-12.* 2 *vol.*

297 Vie de Scaramouche , par Angelo Constantini. *Paris*, 1695, *in-12.*

298 Vie de Lazarille de Torme, en Italien avec la Traduction à côté. *Paris*, 1601, *in-18. m. r.*

299 La Paysanne parvenue , ou Mémoires de Madame la Marquise de L. V *. par M. le Chevalier de Mouy. *Amsterdam*, 1757, *in-12.* 2 *vol.*

300 **Les** Amours des Grands Hommes , par de Villedieu.
Paris , 1671 , *in-12. 6 tom. en* 2 *vol.*

301 Les Défordres de l'Amour , par le même. *Paris,*
1676 , *in-12. 4 part. en* 1 *vol.*

302 Les Malheurs de l'Amour. *Amfterdam* , 1747 , *in-12.*
2 *vol.*

303 Le Livre du nouveau Triftan , par Jean Maugin ,
dit l'Angevin. *Lyon* , 1577 , *in-24.*

304 Hiftoire & Faits du très-preux ,, noble & vaillant
Huon de Bordeaux. *Rouen* , *in-12.*

305 Amadis de Gaules , mis en françois par des Effarts
de Herberay. *Lyon* , 1560 & 1577 , *dont* 12 *volumes
gr. form. &* 19 *vol. pet. form.*

306 Amadis de Gaules , traduite par M. le Comte de
Trefs***. *Amfterdam* , 1779 , *in-12.* 2 *vol.*

307 Hiftoire de Dom Belianis de Grece. *Paris* , 1625 ,
in-12.

308 L'Hiftoire admirable du Chevalier du Soleil , par
Duroffet & Douet. *Paris* , 1626 , *in-12.* 8 *vol.*

309 Hiftoire de Palmerin d'Olive , par Jean Maugin ,
dit le petit Angevin. *Anvers* , 1572 , *in-4. fig.*

310 L'Hiftoire de Palmerin d'Olive , par l'Auteur de
Primalion de Grece. *Lyon* , 1609 , *in-24.* 2 *vol.*

311 Hiftoire de Primaleon de Grece , continuant les
Difcours de Palmerin d'Olive , Empereur de Conftantinople , traduite en françois , par de Vernaffal Quer-
cinos. *Orléans* , 1572 , *in-12.* 4 *vol.*

312 Les Aventures de Don Quichotte , tirées de l'origi-
nal Efpagnol de Miguel de Cervantes. *La Haye* , 1746,
in-4. gr. pap. fig. m. r.

313 Le Roman de Melufine. *in-12.*

314 Hiftoire du petit Jehan de Saintré , de la jeune Dame
des Belles-Coufines. *Paris* , 1724 , *in-12.* 3 *vol.*

315 La Cytherée. *Paris* , 1645 , *in-12.* 4 *vol.*

316 La même. *Paris* , 1642 , *in-12.* 4 *vol.*

317 Polexandre. *Paris* , 1638 , *in-8.* 5 *vol.*

318 Le même. *Paris* , 1638 , *in-12.* 5 *vol.*

319 Les Aventures de la Cour de Perfe , par J. D. B.
Paris , 1629 , *in-12.*

320 Caffandre. *Paris* , 1643 , *in-12.* 10 *vol.*

321 Caffandre en abrégé. *Paris* , 1752 , *in-12.*

322 Cléopatre. *Paris* , 1653 , *in-12.* 12 *vol. m. r.*

323 Abrégé de la Cléopatre de M. de la Calprenede.
Paris , 1658 , *in-12.* 3 *vol.*

324 L'Eromene. *Paris*, 1633, *in-12. 2 vol.*

325 La Fille fuppofée, Hiftoire véritable & du temps, par Dubail. *Paris*, 1639, *in-12.*

326 La Floride de Duvernier. *Paris*, 1625, *in-12.*

327 Pharamond, ou Hiftoire de France. *Paris*, 1661, *in-12. 12 vol.*

328 Faramond. *Paris*, 1753, *in-12. 4 vol.*

329 Berenice. *Paris*, 1642, *in-12. 4 tom. en 2 vol.*

330 Le grand Scipion, par de Vaumoriere. *Paris*, 1662, *in-12. 4 vol.*

331 Hiftoire Negrepontique, contenant la Vie & les Amours d'Alexandre Caftriot, par J. Baudouin. *Paris*, 1631, *in-12.*

332 L'Iphigénie de M. de Belley. *Lyon*, 1625, *in-12. 2 vol. m. b.*

333 La Sibile de Perfe du fieur Duverdier. *Paris*, 1632, *in-12.*

334 La Stratonice. *Paris*, 1640, *in-12. 2 tom. en 1 vol.*

335 Le Lycée du fieur Bardin. *Paris*, 1632, *in-12. 2 vol. m. v.*

336 L'Endimion de Gombauld. *Paris*, 1624, *in-8. m. v.*

337 Lyfigerafte, ou les Dedains de Lydie, par M. Turpin, fieur de Longchamp. *Paris*, 1628, *in-12.*

338 La Polixene de Moliere. *Paris*, 1644, *in-12. 2 vol. v. f. d. f. t.*

339 La même. *Paris*, 1635, *in-12. 2 vol.*

340 La même. *Paris*, 1632, *in-12. 2 vol.*

341 Poliandre, hiftoire comique. *Paris*, 1648, *in-12. 2 vol.*

342 La Précieufe, ou le Myftere des Ruelles. *Paris*, 1656, *in-12. m. b.*

343 Parthenie, ou Peinture de l'invincible Chafteté, Hiftoire Napolitaine, par M. l'Evêque de Belley. *Paris*, 1621, *in-12.*

344 La Phylaxandre du fieur de la Charnays. *Paris*, 1622, *in-12.*

345 Le Pelifandre de Dubail. *Paris*, 1638, *in-12.*

346 La Prazimene. *Paris*, 1643, *in-12. 4 vol.*

347 La Carithée, de M. Leroy de Gomberville. *Paris*, 1622, *in-12.*

348 La Galatée & les Aventures du Prince Afliages, par A. Remy. *Paris*, *in-12.*

349 Les belles Grecques, ou l'Hiftoire des plus fameufes Courtifannes de la Grece. *Paris*, 1712, *in-12. fig.*

350 Annales Galantes de Grece. *Paris*, 1687, **2** *parties en* 1 *vol.*

351 Les Amours de Catulle, par de la Chapelle. *Paris*, 1713, *in-*12. 2 *vol.*

352 Les Amours de Tibulle, par de la Chapelle. *Paris*, 1719, *in-*12. 3 *vol.*

353 Les Impératrices Romaines, par de Serviez. *Paris*, 1728, *in-*12. 3 *vol.*

354 Histoire de la Galanterie des Anciens, par M. de Vaumoriere. *Paris*, 1671, *in-*12. 2 *tom. en* 1 *vol.*

355 Histoire Celtique, où sous les noms d'Amindorix & & de Celanire, sont comprises les principales actions de nos Rois, & les diverses fortunes de la Gaule. *Paris*, 1734, *in-*12.

356 Histoire des Favorites, contenant ce qui s'est passé de plus remarquable sous plusieurs régnes, par Mademoiselle D ** *. *Amsterdam*, 1708, *in -* 12. 2 *tom. en* 1 *vol. fig.*

357 Les Galanteries des Rois de France. *Cologne*, *in-*12. 2 *vol.*

358 Des Galanteries de la Cour. *Paris*, 1664, *in-*12. 2 *vol.*

359 Adelaide de Champagne. *Paris*, 1680, *in-*16. 4 *part. en* 2 *vol.*

360 La même. 1746, *in-*12.

361 Merouée, Fils de France, Nouvelle historique. *Paris*, 1673. — Mémoires de la Vie de Mademoiselle d'Elfosses, ou le Chevalier Baltazard. *Paris*, 1695, *in -* 18.

362 Alix de France, Nouvelle historique. *Liege*, 1687, — Le Gris-de-lin, histoire galante. *Paris*, 1680, *in -* 24.

363 Anecdotes de la Cour de Philippe-Auguste. *Paris*, 1733, *in-*12. 6 *vol.*

364 Histoire secrette de Bourgogne. *Paris*, 1694, 2 *parties.* — Le Puits de la Vérité, histoire Gauloise. *Paris*, 1698, *in-*12.

365 Histoire amoureuse & tragique des Princesses de Bourgogne. *La Haye*, 1720, *in -* 12. 2 *tomes en* 1 *vol.*

366 Histoire secrette du Connétable de Bourbon. *Paris*, 1696, *in-*12.

367 La Princesse de Montferrat, Nouvelle. *Paris*, 1672, *in -* 16.

368 Intrigues Galantes de la Cour de France. *Cologne*, 1694, *in*-16.

369 Histoire de Jean de Bourbon, Prince de Carency, par l'Auteur des Mémoires & Voyages d'Espagne. *Bruxelles*, 1720, *in*-12. 2 *tom. en* 1 *vol.*

370 Mademoiselle de Tournon. *Paris*, 1679, *in*-24.

371 Annales Galantes de la Cour de Henri II. par Mademoiselle de Lussan. *Amsterdam*, 1749, *in*-12. 2 *vol.*

372 La Princesse de Montpensier. *Paris*, 1662, *in*-18.

373 La Princesse de Montpensier. *Amsterdam*, 1723, — Histoire de la Comtesse de Strasbourg & de sa fille, par l'Auteur des Mémoires, L. C. D. R. *La Haye*, 1716, *in*-12.

374 Le Comte d'Amboise. *Paris*, 1689, *in*-12. 2 *vol.*

375 Les Actions héroiques de la Comtesse de Montfort, Duchesse de Bretagne. *Paris*, 1697. — Dom Carlos, Nouvelle historique. *Amsterdam*, 1673. — Histoire de la vie & du procès de Cartouche. *Amsterd.* 1722, *in*-24.

376 Le Comte de Richemont, Nouvelle historique. *Amsterdam*, 1680, *in*-12.

377 Le Comte de Soissons, Nouvelle galante. *Cologne*, 1706, *in*-12.

378 Anne de Montmorency, Connétable de France, Nouvelle historique. *Paris*, 1697, *in*-12.

379 Amanzoline, Nouvelle historique & galante, contenant les aventures de Mehemed-Riza-Beg, Ambassadeur du Sophi de Perse, à la Cour de Louis-le-Grand, en 1715. *La Haye*, 1716, *in*-12. *fig.*

380 Diverses Aventures de France & d'Espagne. *Paris*, 1707, *in*-12.

381 La Princesse de Clèves. *Paris*, 1741, *in*-12. 2 *tom. en* 1 *vol.*

382 Orasie. *Paris*, 1646, *in*-12. 5 *vol.*

383 Roman Royal, ou Histoires de notre temps, auxquelles sous noms feints & empruntés, sont représentés les divers effets de l'Amour. *Paris*, 1621, *in*-12.

384 Histoire amoureuse des Gaules, par de Bussy-Rabutin. 1754. *in*-12. 5 *vol.*

385 Histoire des amours du Maréchal de Boufflers, jusqu'à son mariage avec Mademoiselle de Grammont. *Paris*, 1696, *in*-12.

386 Histoire de Madame de Bagneux. *Paris*, 1696, *in*-18.

387 Mémoires de la Marquife de Frefne. *Amfterdam*, 1701, *in-12.*

388 Les Mémoires & la Vie du Comte D***. par M. de Saint-Evremond. *Amfterdam*, 1705, *in-12.* 4 *vol.*

389 L'Ami de la Fortune, ou Mémoires du Marquis de S. A***. *Londres*, 1754, *in-12.* 2 *vol. v. éc.*

390 Les Promenades printanieres de A, L. T, M. C. *Paris*, 1586, *in-24. m. b.*

391 La promenade de Verfailles. *Paris*, 1669, *in-12.*

392 La promenade de Livry. *Paris*, 1678, *in-12.* 2 *part. en 1 vol*

393 Continuation des promenades & aventures galantes de M. Lenoble. *Paris*, 1700, *in-12.*

394 Mémoires du Comte de Grammont, par M. le Comte Hamilton. *La Haye*, 1741, *in-12.*

395 Les mêmes, 1772, *in-4. m. r.*

396 Les Aventures de M. d'Affoncy. *Paris*, 1677, *in-24.* 2 *tom. en 1.*

397 Les Aventures d'Italie de M. d'Affoncy. *Paris*, 1677, *in-12.*

398 Hiftoire de la Dragone, contenant les actions militaires & les aventures de Genevieve Premoy, fous le nom du Chevalier Baltazar. *Bruffelles*, 1703, *in - 18.*

399 Mémoires d'un Homme de qualité. *Amfterd.* 1742, *in-12.* 7 *vol m. r.*

400 Axiamire, ou le Roman Chinois. *Paris*, 1675.—— Nouvelles d'Elifabeth, Reine d'Angleterre, *Paris*, 1674, *in-18.*

401 Anecdote, ou Hiftoire fecrette des Veftales. *Paris*, 1700, *in-18.*

402 Aventures Grenadines, par Mlle. D***. *Amfterd.* 1710, *in-16.*

403 Daumalinde, Reine de Lufitanie. *Paris*, 1685, *in-12.* 3 *part. en 1 vol.*

404 Mémoires de Cecile. *Paris*, 1751, *in-12.* 2 *vol.*

405 Hiftoire du Marquis de Creffy, traduite de l'Anglois, par Madame de ***. *Amfterdam*, 1758, 1 *vol.*

406 Mémoires du Marquis d'Almacheu. *Amfterd. in-16.* 2 *tom. en 1 vol.*

407 Mademoifelle de Jarnac. *Paris*, 1685, *in-12.* 2 *tom. en 1 vol.*

408 Le Momus François, ou les Aventures divertiffantes du Duc de Roquelaure. *Cologne*, 1761, *in - 12.*

409 Berenger, Comte de la Mark. *Paris*, 1645, *in-12.* 4 *vol.*

410 Mémoires du Chevalier Hazard. *Cologne*, 1703. —— Le Prince esclave. *Paris*, 1688. —— L'Ambitieuse Grenadine. *Paris*, 1678, *in-16.*

411 Mémoires de la Comtesse de Tournemir. *Amsterd.* 1708, *in-16.*

412 Les Amours du Comte de Clare. *Roterdam*, 1718, *in-12.*

413 Mémoires du Comte de Vordac. *Paris*, 1723, *in-12.* 2 *vol.*

414 Histoire de la Marquise de Banneville. *Paris*, 1723. —— Histoire de Melisthene, Roi de Perse. *Paris*, 1723, *in-12.*

415 Mémoires de M. le Marquis de ✱✱✱. *Paris*, 1728. —— Le Comte Roger, Souverain de la Calabre ultérieure, Nouvelle historique. *Paris*, 1733, *in-12.*

416 Les Aventures du Chevalier de Beauchene, par M. le Sage. *Paris*, 1732, *in-12.* 2 *vol.*

417 La retraite de la Marquise de Gozanne, contenant diverses Histoires galantes & véritables. *Paris*, 1734, *in-12.* 2 *vol.*

418 Mémoires du Comte de Comminville. *Paris*, 1735, *in-12.*

419 Les Mémoires & Aventures de M. de P✱✱✱. *Paris*, 1736, *in-12.*

420 Mémoires du Comte de Bonneval. *Londres*, 1737, *in-12.*

421 Mémoires de Mlle. de Bonneval. *Amsterdam*, 1738. —— Histoire de Marie de Bourgogne. *Amsterd.* 1757, *in-12.*

422 Les Aventures d'Achille, Prince de Tours, & de Zayde, Princesse d'Afrique. *Paris*, 1724, *in-12.*

423 Mémoires de M. de Berval. *Amsterd.* 1752, *in-12.*

424 Les Mémoires de Madame la Baronne de Saint-Clair. *La Haye*, 1753, *in-12.*

425 Mémoires de Madame de Staal, écrits par elle-même. *Londres*, 1755, *in-8.* 2 *vol.*

426 Mémoires en forme de Lettres de deux jeunes personnes de qualité, par l'Auteur du Danger des liaisons. *La Haye*, 1765, *in-12.* 2 *vol.*

427 Mémoires du Marquis de Montrose. *Paris*, 1767, *in-12.* 2 *vol.*

428 La Princesse de Portien. *Paris*, 1703. —— Histoire du Marquis de Clemes & du Chevalier de Pervanes. 1761, *in-12.*

429 Le Soldat parvenu , ou Mémoires & Aventures de M. de Verval dit Bellerose, par M. de M***. *Dresde*, 1753 , *in*-12. 2 *vol. fig.*

430 . . . .

431 Marie d'Anjou, Reine de Mayorque, Nouvelle histo-rique & galante. *Amsterdam* , 1680 , *in*-18.

432 Le même. *Paris* , 1682 , *in*-18. 4 *tom. en* 2 *vol.*

433 Histoire secrette de la Conquête de la Grenade, par Madame de Gomez. *Paris* , 1719 , *in*-12.

434 La même. *Paris* , 1729 , *in*-12.

435 La jeune Alcidiane , par Madame de Gomez. *Paris*, 1733 , *in*-12. 3 *vol. m. r.*

436 La jeune Alcidiane, par M. de Gomberville. *Paris*, 1651 , *in*-12.

437 Dom Henrique de Castro , ou la Conquête des Indes. *Paris*, 1584 , *in*-12. 2 *tom. en* 1 *vol.*

438 Histoire Negrepontique, contenant la Vie & les Amours d'Alexandre Castrio, par J. Baudoin. *Paris*, 1631, *in*-12. *v. f. d f. t.*

439 Histoire de Donna Olimpia Ma'dachini, traduite de l'Italien de l'Abbé Gualdi. *Leyde*, 1666 , *in*-24.

440 Le Chien de Boulogne , ou l'Amant fidele, Nou-velle galante. *Paris* , 1668. — Dom Carlos, Nou-velle historique. *Amsterd.* 1672 , *in*-18.

441 Aventures de Clamadés & de Clarmonde , tirées de l'Espagnol , par Madame L. G. D. R. *Paris*, 1633, *in*-12.

442 Les mêmes. *Paris* , 1723 , *in*-12.

443 Ne pas croire ce qu'on voit, Histoire Espagnole. *Paris* , 1670 , *in*-18. 2 *tom. en* 1 *vol.*

444 Journal amoureux d'Espagne, 1675 , *in*-12.

445 Inès de Cordoue, Nouvelle Espagnole. *Paris*, 1696, *in*-12.

446 Donna Hortense, Nouvelle Espagnole. *Paris*, 1698, *in*-12.

447 Germaine de Foix, Reine d'Espagne , Nouvelle historique. *Paris* , 1701 , *in*-12.

448 Histoire de Don Domingo de la Terra, Nouvelle Espagnole. *Amsterdam* , 1709 , *in*-18.

449 Histoire Espagnole, ou Don Amador de Cardone. *Paris*, 1672. — Histoire du Prince Osman, fils du Sultan Ibrahim. *Paris*, 1670, *in*-24.

450 Diane de Castro. *Paris*, 1728, *in*-12.

451 Don Pelage, ou l'entrée des Maures en Espagne. 1646, *in-8. 2 vol.*

452 Les succès prodigieux de l'Amour, ou Relation véritable de huit Nouvelles arrivées à Madrid , traduits en françois , par de Rampale. *Paris, 1745 , in-12.*

453 Les Aventures du jeune Comte de Lancastel. *Paris, 1728 , in-12.*

454 Les Amours de Charles de Gonzague , Duc de Mantoue , & de Marguerite , Comtesse de Rovere. 1666, *in-16.*

455 Federic de Sicile. *Paris, 1680, in-16. 3 tom. en 1 vol.*

456 Histoire d'Auguste. *Roterdam, 1690, in-12.*

457 Histoire de Geoffroy , surnommé à la Grand'dent. *Paris, 1700, in-12.*

458 Casimir, Roi de Pologne. *Paris, 1679, in-12. 2 tom. en 1 vol.*

459 Venda, Reine de Pologne, histoire galante. *La Haye, 1706, in-18.*

460 Yolande de Sicile. *Paris, 1678, 2 part.* —— Cleonice, ou le Roman galant, par Madame de Villedieu. *Paris, 1669, in-18.*

461 La Duchesse de Neilan. *Paris, 1682.* —— Histoire des Amazonnes , *in-18.*

462 Le Feuise, Histoire Espagnole. *Paris, 1636, in-12.*

463 L'Horoscope accompli, ou Don Ramire, Nouvelle Espagnole. *Paris, 1714, in-18.*

464 Histoire des Reines Jeanne , Reines de Naples & de Sicile , Comtesses de Provence. *Paris, 1700, in-12.*

465 Tideric , Prince de Galles , *Paris, 16;7, in-12. 2 tom. en 1 vol.*

466 Dom Juan d'Autriche , nouvelle historique. *Paris, 1678.* —— La Comtesse d'Isembourg. *Paris, 1678, in-16.*

467 Dom Sébastien, Roi de Portugal , Nouvelle historique. *Paris, 1679, in-16. 3 part. en 1 vol.*

468 L'Ambitieuse Grenadine, Histoire galante, *Paris, 1678.* —— Le beau Polonnois, nouvelle galante. *Lyon, 1681, in-16.*

469 Histoire de Catherine de France , Reine d'Angleterre. *Paris, 1702, in-12.*

470 La même. *Paris, 1700.* —— Le Comte de Titridate, par Madame la Marquise de P********. *Paris, 1705, in-12.*

471 La même. *Paris*, 1696. —— Le Prince infortuné, ou Hiftoire du Chevalier de Rohan. *Amfterdam*, 1713, *in-12*.

472 La Princeffe d'Angleterre, ou la Ducheffe-Reine. *Paris*, 1677. —— Le Comte Roger, Souverain de la Calabre ultérieure, Nouvelle hiftorique. *Amfterdam*, 1678, *in-18*.

473 Edouard, Hiftoire fecrette d'Angleterre. *Paris*, 1696, *in-12. 2 tom. en 1 vol.*

474 Nouvelles d'Elifabeth, Reine d'Angleterre. *Paris*, 1674, *in-16. 4 tom. en 2 vol.*

475 Alfrede, Reine d'Angleterre. *Paris*, 1678, *in-12.*

476 Beralde, Prince de Savoye. *Paris*, 1672, *in-18. 2 tom. en 1 vol.*

477 Mémoires contenant les intrigues fecrettes & malverfations du Duc de Savoye. *Bafle*, 1705, *in-12. 10 vol.*

478 Le Philofophe Anglois, ou Hiftoire de Cleveland. *Amfterdam*, 1744, *in-12. 7 vol. fig. m. r.*

479 Les heureux Orphelins, Hiftoire imitée de l'Anglois, par de Crebillon fils. *Bruxelles*, 1754, *in-12. 2 vol.*

480 Hiftoire de Tom-Jones, ou l'Enfant-Trouvé, traduit de l'Anglois de Fielding, par M. D. L. P. *Londres*, 1750, *in-12. 4 vol. fig.*

481 Hiftoire de Julie Mandeville, ou Lettres traduites de l'Anglois, par B***. *Paris*, 1764, *in-12.*

482 Hiftoire & Aventures de Sir Villiams Pickle, Ouvrage traduit de l'Anglois. *Amfterdam*, 1753, *in-12. 4 vol.*

483 Monfieur de Kervaut, nouvelle Comi galante. *Paris*, 1678. —— Nicandre, première Nouvelle de l'Inconnu. *Paris*, 1672, *in-18.*

484 Milord Courtmagon, Hiftoire fecrette des premieres Amours d'Elifabeth d'Angleterre, par Lenoble. *Paris*, 1695, *in-12.*

485 Mylord ***, ou le Payfan de qualité, Nouvelle galante, par M. ***. *Paris*, 1700, *in-12.*

486 Amelie, Hiftoire Angloife, traduite de l'Anglois de Fielding. *Londres*, 1762, *in-12. 2 vol.*

487 Mémoires de Klinglin. *Grenoble*, 1753, *in-12. m. r.*

488 Le Miniftre de Vakefield. *Paris*, 1767, *in-12.*

489 Ophelie, Roman traduit de l'Anglois, par B***. *Amfterdam*, 1763, *in-12. 2 vol.*

490 Hiftoire du Comte de Genevois & de Mademoifelle d'Anjou. *Paris*, 1564, *in-18.*

491 Hiſtoire & les Aventures de Kemiski, Georgienne, par Madame D***. *Bruxelles*, 1697, *in*-18.

492 Le Roman de la Cour de Bruxelles, ou les Aventures des plus Braves Cavaliers qui furent jamais, & des plus belles Dames du monde. 1628, *in*-12.

493 Tucia, Veſtale, Nouvelle hiſtorique. *Paris*, 1622. — Hiſtoire tragique de Pandolphe, Roi de Bohême, & de Cellaria, ſa femme. *Amſterdam*, 1722, *fig.* — Cleandre & Califte, ou l'Amour véritable. *Amſterdam*, 1722, *in*-12.

494 Le Comte d'Ulfeld, Nouvelle hiſtorique. *Paris*, 1678, *in*-18. 2 *tom. en* 1 *vol.*

495 Guſtave Vaſa, Hiſtoire de Suede, *Paris*, 1698, *in*-12. 2 *tom. en* 1 *vol.*

496 Le même. *Paris*, 1725, *in*-12.

497 L'illuſtre Malheureuſe, ou la Comteſſe de Janiſſanta, par l'Auteur de Rozelli. *Paris*, 1730, *in*-12. 2 *vol.*

498 La Saxe galante. *Amſterdam*, 1734, *in*-12. 2 *tom. en* 1 *vol.*

499 Hiſtoire de Cara Muſtapha, Grand-Vizir. *Paris*, 1684, *in*-18.

500 Aventures ſecrettes, arrivées au Siége de Conſtantinople. *Paris*, 1701, *in*-12.

501 Hiſtoire d'Oſman Empereur des Turcs, & l'Impératrice Aphendina Ashada, par Madame de Gomez. *Paris*, 1734, *in*-12. 2 *vol.*

502 Zulima ou l'Amour pur, Nouvelle hiſtorique, par M. Lenoble. *Paris*, 1696. — Le Prince de Condé. *Paris*, 1675, *in*-16.

503 La Vie ou les Victoires du grand Tamerlan. *Paris*, 1650, *in*-12. 2 *part. en* 1 *vol.*

504 Le Duc d'Ormond, ou le grand Général, Hiſtoire Angloiſe & Ecoſſoiſe. *Paris*, 1724, *in*-12. 2 *vol.*

505 Les Galanteries Amoureuſes de la Cour de Grèce, ou les Amours de Pindare & de Corinne. *Paris*, 1677, *in*-12. 2 *tom. en* 1 *vol*

506 Hiſtoire Afriquaine de Cleomede & de Sophoniſbe. *Paris*, 1627, *in*-12. 3 *vol.*

507 La Reine d'Ethiopie, Hiſtoriette Comique. *Paris*, 1670, *in*-18.

508 La Reine de Luſitanie. *Paris*, 1688, *in*-12. 3 *tomes en* 2 *vol.*

509 Roman Oriental. *Paris*, 1753, *in*-12.

510 Anecdotes ſecrettes, pour ſervir à l'Hiſtoire galante

de la Cour de Pekin. *Pekin*, 1746, *in-12.* **2** *parties en* 1 *vol.*

511 Le fameux Chinois, par Dubail, *Paris*, 1642. *in-12.*

512 Ibrahim, ou l'illuſtre Baſſa. *Paris*, 1641, *in-12.* 4 *vol.*

513 Le même. *Paris*, 1723, *in-12.* 4 *vol.*

514 La fidélité couronnée, ou l'Hiſtoire de Parmenide, Prince de Macédoine. *Bruxelles*, 1707, *in-12.*

515 Le Prince Kouchimen, Hiſtoire Tartare, & Dom Alvar Del Sol, Hiſtoire Napolitaine. *Paris*, 1710, *in-18.*

516 Hiſtoire de Dom Flores de Grèce, ſurnommé le Chevalier des Cignes. *Paris*, 1573, *in-12.* 3 *vol.*

517 Soliman, ou les Aventures de Macmet, Hiſtoire Turque. *Amſterdam*, 1750, *in-12.* 3 *part. en* 1 *vol.*

518 Hiſtoire ſecrette du Prophète des Turcs. *Conſtantinople*, 1754, *in-12.*

519 Relation de l'Amour de l'Empereur de Maroc pour la Princeſſe Douariére de Conty, par le Comte D***. *Cologne*, 1720, *in-24.*

520 Anecdotes Perſanes, par Madame de Gomez. *Paris*, 1727, *in-12.* 2 *vol.*

521 Les Eſclaves, ou Hiſtoire de Perſe, par Duverdier. *Paris*, 1628, *in-12.*

522 Syroes & Mirame, Hiſtoire Perſane. *Paris*, 1692, *in-12.* 2 *part. en* 1 *vol.*

523 Hiſtoires des Aventuriers qui ſe ſont ſignalés dans les Indes, par Œxmelin. *Paris*, 1696, *in-12.* 2 *vol. fig.*

524 Crementine, Reine de Sanga, Hiſtoire Indienne, par Madame de Gomez. *Paris*, 1627, *in-12.* 2 *vol.*

525 Hipalque, Prince Scithe, Hiſtoire merveilleuſe. *Paris*, 1727, *in-12.*

526 Le Roman des Indes, par Jean de Lannel. *Paris*, 1625, *in-12.*

527 Hiſtoire Aſiatique de Cerinthe, de Callanthe & d'Arrenice, avec un Traité du Tréſor de la Vie humaine, par le ſieur de Gerzan. *Paris*, 1634, *in-12.*

528 Les Aventures de Zelim & de Damaſine, Hiſtoire Africaine. *Paris*, 1735, *in-12.* 2 *part. en* 1 *vol.*

529 Hiſtoire d'Amenophis, Prince de Lybie. *Paris*, 1728, *in-12.*

530 Abbaſaï, Hiſtoire Orientale. *Paris*, 1753, *in-12*, 3 *vol.*

531 Daïra, Histoire Orientale, *Amsterdam*, 1761, *in-12.* 2 *tom. en* 1 *vol.*

532 Histoire déplorable du Prince Erastus. *Paris*, 1639, *in-12.*

533 Macarise, ou la Reine des Isles fortunées, par Hedelin. *Paris*, 1664, *in-12.* 2 *vol.*

534 Pamela, ou la Vertu récompensée, traduit de l'Anglois. *Amsterdam*, 1768, *in-12.* 2 *vol.*

535 Le Doyen de Killerine, par l'Auteur des Mémoires d'un Homme de Qualité. *Paris*, 1750, *in-12.* 6 *vol.*

536 Les Confessions du Comte de ***. *Amsterdam*, 1742, *in-12.*

537 Histoire du Chevalier Grandisson. *Amsterdam*, 1755, *in-12.* 4 *vol.*

538 L'École des Filles, ou les Mémoires de Constance. *Londres*, 1753, *in-12.* 4 *vol.*

539 Les Erreurs de l'Amour & de la Vanité. *La Haye*, 1755, *in-12.*

540 Le Juge prévenu, par Madame de V***. *Londres*, 1754, *in-12.* 2 *vol.*

541 Julie, ou la nouvelle Héloïse. *Amsterdam*, 1741, *in-12.* 6 *vol. fig.*

542 La même. *Amsterdam*, 1761, *in-12.* 6 *vol. fig.*

543 L'Enfant-Trouvé, ou Mémoires de Menneville. *La Haye*, 1763, *in-12.* 2 *part. en* 1 *vol.*

544 L'Argenis de J. Barclay. *Paris*, 1638 *in-8.* 2 *vol. fig.*

545 Les Aventures de Télémaque, fils d'Ulisse, par M. de la Motte-Fenelon. *Amsterdam*, 1754, *in-4. gr. pap. fig. m. r.*

546 Les mêmes. *Lausanne*, 1761, *in-12.* 2 *tom. en* 1 *vol. fig. m. r.*

547 Le Roman Satyrique. 1623, *in-12.*

548 Les Coudées franches. *Paris*, 1712, *in-12.* 2 *part. en* 1 *vol.*

549 Les Aventures d'Euphormion, Histoire satyrique. *Anvers*, 1711, *in-12.* 3 *tom. en* 1 *vol. m. r.*

550 La Lecture amusante, ou les Amusemens de l'Automne, par de Sainville. *Paris* 1702, *in-12.*

551 Les Mémoires du Chevalier de ***. par Madame Meheust. *Amsterdam*, 1734, *in-12.*

552 Le Roman du jour, pour servir à l'Histoire du Siécle. *Londres*, 1754, *in-12.*

553 Histoire des Aventures de Fortunatus. *Paris*, *in-12.*

554 L'Aventurier Buscon, Histoire facétieuse, composée

D

en Espagnol, par Don Francisque de Queredo, ensemble les Lettres du Chev. de l'Epargne. *Paris*, 1639, *in-12.*

555 Mital, ou Aventures incroyables. *Paris*, 1708, *in-12.*

556 Les Soirées Bretonnes. *Paris*, 1712, *in-12.*

557 Le Quart-d'heure d'une jolie Femme, où les Amusemens de la Toilette. *Genève*, 1753, *in-12.*

558 La Fouyne de Séville, ou l'Hameçon des Bourses. *Paris*, 1661, *in-12.*

559 Nouvelles de Michel Cervantes. *Amsterdam*, 1715, *in-18. fig.*

560 Les Nouvelles de Miguel de Ceryantes Saavedra, traduites d'Espagnol en François, par les sieurs de Rosset & d'Audiguier. *Paris*, 1665, *in-16. m. b.*

561 Histoire & Aventures de Dona Rufine, fameuse Courtisane de Séville. *Amsterdam*, 1723, *in-18.* 2 *tom. en* 1 *vol.*

562 Les Apparences trompeuses, ou les Amours du Duc de Nemours & de la Marquise de Poyanne. 1725, *in-12.*

563 Contes & Nouvelles de M. de V**. Reine de Navarre. *Amsterdam*, 1720. *in-12.* 2 *vol.*

564 Les cent Nouvelles nouvelles. *Cologne*, 1735, *in-12.* 2 *vol. fig.*

565 Les mêmes, de Madame de Gomes. *La Haye*, 1762, *in-12.* 20 *vol.*

566 Amours diverses, divisées en sept Histoires, par de Nerveze. *Paris*, 1606, *in* 12.

567 Le Printems d'Hiver. *Paris*, 1583, *in-24.*

568 Hexameron, ou six Journées. *Lyon*, 1582, *in-12.*

569 Les Nouvelles Historiques. *Leyde*, 1692. 2 *parties.*
—— Les Lutins du Château de Kernosy. *Paris*, 1710, *in-16.*

570 Nouvelles toutes nouvelles, par M. D. L. C. *Paris*, 1709, *in-12.*

571 Les Nouvelles de Montaluan, traduites d'Espagnol, par de Rampalle. *Paris*, 1644, *in-12.*

572 Les Nouvelles de Lancelot, tirées des plus célébres Auteurs Espagnols. *Rouen*, 1641, *in-12.*

573 Nouvelles de Don Maria de Zayas. *Paris*, 1680, *in-16.* 4 *tom. en* 2 *vol.*

574 Soirées de Guillaume Bouchet. *in-12.*

575 La Haine & l'Amour d'Arnoul & de Clairemonde, par Duperrier. *Paris*, 1627, *in-12.*

576 La Maison des Jeux. *Paris*, 1657, *in-12.* 2 *vol.*

577 Nouveau Recueil des Pieces les plus agréables,

enfuite des Jeux de l'inconnu , & de la Maifon des Jeux.
Paris , 1644, *in-12. m. b.*

578 Le Galant Nouvellifte. *Paris* , 1693 —— Le grand
Sophi , Nouvelle Allégorique. *Paris* , 1685 , *in-16.*

579 Les Nouvelles Françoifes , ou Divertiffement de la
Princeffe Aurelie , par de Segrais. *Paris* , 1722 , *in-12.*
2 *vol.*

580 Les Nouvelles , ou les Divertiffemens de la Princeffe
Alcidiane , par Madame de la Calprenede. *Paris* , 1661 ,
in-12.

581 Les Nouvelles Héroïques & Amoureufes de M. l'Abbé
de Boisrobert. *Paris* , 1657 , *in-12.*

582 Nouvelles Galantes du tems , *Paris* , 1679. —— La
Vie & les Aventures de Zizime. *in-12.*

583 Nouvelles Efpagnoles , par Madame D***. *Paris* ,
1692 , *in-12. 2 part. en 1 vol.*

584 Nouvelles Afriquaines. *Paris* , 1673, **2** *parties.* ——
La Princeffe de Fez , *deux parties. Lyon* , 1681 , *in-16.*

585 Les Nouvelles Galantes & Comiques. *Paris* , 1689 ,
in-16. 2 vol.

586 Nouvelle Hiftoire de Gengiskan , Conquérant de
l'Afie. *Paris* , 1720 , *in-12.*

587 Le Napolitain , ou le Défenfeur de fa Maîtreffe.
Paris , 1682 , *in-16.*

588 Zelotyde , Hiftoire galante , par M. Lepays. *Paris* ,
1666. —— Aventures de Don Antonio de Buffalis ,
Hiftoire Italienne. *Paris* , 1724 , *in-12.*

589 L'Heureux Efclave , Nouvelle. *La Haye* , 1715 ,
in-18.

590 Erafte , ou les Amours du grand Alcandre. *Paris* ,
1666 , *in-18.*

591 Almanzaïde. Nouvelle. *Paris* , 1764 , *in-12.*

592 Nouvelles Amoureufes & Galantes. *Paris* , 1678 ,
in-16.

593 Académie Galante. *Paris* , 1682 , *in-18.*

594 Le Porte-Feuille trouvé , ou tablettes d'un Curieux.
Genève , 1757 , *in-12. 2 vol.*

595 Le Porte-Feuille d'un Homme de Goût. *Paris* , 1765 ,
in-12. 2 vol.

596 Recueil A. & fuivans. 1745 , *in-12. 12 vol.*

597 Aventures choifies. *Cologne* , 1722 , *in-12. fig.*

598 Aventures de Don Antonio de Buffalis. *Paris* , 1724 ,
in-12.

599 Les Aventures du Prince Jakaya, ou le Triomphe de

l'Amour fur l'Ambition. *Paris*, 1732 , *in-12*. 2 *part.* *en* 1 *vol.*

600 Rozemire , ou l'Europe délivrée. *Paris* , 1657, *in-12.*

601 Hiftoire Æthiopique de Heliodorus. *Lyon*, 1575.

602 Hiftoire Æthiopique d'Heliodore, *in-12. fig.*

603 Relation du pays de Janfénie, par Fontaine. *Paris*, 1660, *in-12.*

604 Le Roman d'Albany & de Sicile, par le fieur du Bail. *Paris* , 1624 , *in-12.*

605 Le Roman véritable, où fous des noms & des pays empruntés, font comprifes les hiftoires & adventures amoureufes de plufieurs perfonnes de condition , tant dedans que dehors le Royaume. *Paris* , 1653 , *in-12.* 2 *part. en* 1 *vol.*

606 Le Roman de l'Incognu. *Paris* , 1634 , *in-12.*

607 Les Princes rivaux. *Paris*, 1698. —— Le Seraskier Backa. *Paris* , 1685. —— Les Malheurs de l'Amour. *Paris*, 1687, *in-18.*

608 Le Puits de la vérité, hiftoire Gauloife. *Paris*, 1698, *in-12.*

609 Le Procès fans fin , ou l'Hiftoire de John Bull. *Lond.* 1753 , *in-12.*

610 Les plaifirs & les chagrins de l'Amour , *in-12.*

611 La Pierre philofophale des Dames , ou les Caprices de l'Amour & du Deftin, par M. l'Abbé de Caftera. *Paris* , 1723 , *in-12.* 2 *part. en* 1 *vol. fig.*

612 La Priton fans chagrin , hiftoire comique du temps. *Paris* , 1669. —— Alfrede , Reine d'Angleterre , Nouvelle hiftorique. *Paris* , 1673 , *in-18.*

613 Hiftoire des Amours du Duc d'Arionne & de la Comteffe Victoria , ou l'Amour réciproque. *La Haye* , 1695, *in-12.*

614 La Religieufe malgré elle , Hiftoire galante , morale & tragique, par M. B** de B***. *Amft.* 1720, *in-12.*

615 Rhamifte & Ozalie , Roman héroique. *Paris*, 1729, *in-12.*

616 Les Ridicules du Siècle. *Londres*, 1752 , *in-12.*

617 La Rivale traveftie. *Paris*, 1713 , *in-12.*

618 La Rofalinde imitée de l'Italien. *La Haye*, 1732, *in-12. 2 tom. en 2 vol.*

619 La Voiture embourbée. *Paris*, 1714, *in-12.*

620 La Cour d'Amour, ou les Bergeres galantes. *Par.* 1669, *in-8. 2 vol.*

621 Le Melante du fieur Videl. *Paris , in-12.*

622 La Mere rivale, hiftoire du temps. *Paris , 1687, in-12.*

623 Le Mentor Cavalier , ou les Illuftres Infortunés, par M. le Marquis d'Argens. *Londres , 1736 , in-12.*

624 Le Mari offenfé , ou Hiftoire du Baron de ★★★. & de Mademoifelle ★★★. 1770 , *in-12. 2 part. en 1 vol.*

625 Melifthenes, ou l'illuftre Perfan, par Madame P ★★★. *Paris , 1732 , in-12.*

626 Lindamire, hiftoire Indienne. *in-12.*

627 Lupanie , hiftoire amoureufe. *in-12.*

628 Le tendre Ollivarius, Nouvelle galante, par M. B ★★. de B ★★★. *Amfterdam , 1717 , in-12.*

629 L'Orphelin infortuné , ou le Portrait du Bonfrere , par le fieur D. P. F. *Paris , 1661 , in-12.*

630 L'Orphife de Chryfante. *Paris, 1626, in-12. 3 vol.*

631 L'Odiffée, ou diverfité d'Aventures , Rencontres & Voyages en Europe, Afie & Afrique. *La Fléche , 1665, in-8.*

632 L'Orphelin Normand. *Paris , 1768 , in-12.*

633 Le Timandre de Marcaffus. *Paris , in-12.*

634 Thémidore. *La Haye , 1745 , in-12.*

635 Le Triomphe de l'Amitié, Hiftoire galante. *Paris, 1679 , in-18.*

636 Les Triomphes de la Guerre & de l'Amour , par Humbert. *Paris , 1631 , in-12.*

637 Les Travaux de Perfiles & de Sigifmonde. *in-12.*

638 Les Sacrifices amoureux , par Duverdier. *Paris , 1623 , in-12.*

639 La Semaine de Montalban , ou les Mariages mal affortis. *Paris , 1684 , in-16. 2 tom. en 1 vol.*

640 Semelion , Hiftoire véritable, 1715 , *2 part.* — Le Prince des Aigues-Marines. *Paris , 1722 , in-12.*

641 L'Infortuné Napolitain , ou les Aventures du Seigneur Rozelly. *Amfterdam , 1719, in-12. 2 tom. en 1 vol.*

642 L'Infortuné Philope , ou les Mémoires & Aventures de M ★★★. *Rouen , 1732 , in-12. fig.*

643 Le Journal amoureux. *Paris , 1671 , in-16. 6 tom. en 2 vol.*

644 Hiftoire de Sophie de Francourt. *Paris , 1768 , in-12.*

645 Hiftoire des Amans fortunés. *Paris , 1698 , in-16. 2 vol.*

646 Hiftoire du vaillant Chevalier Tiran-le-Blanc. *Lond. in-12. 2 vol. v. f. d. f. t.*

647 Hiftoire d'Amande, écrite par une jeune femme. *Londres*, 1768, *in-*12.

648 Hiftoires fublimes & allégoriques, par Madame la Comteffe D**. *Paris*, 1699, *in-*12.

649 Hiftoire des plus illuftres Favoris anciens & modernes, par feu M. P. D. P. *Leyde*, 1660, *in-*18. *m. b.*

650 Hiftoire fecrette des Femmes galantes de l'Antiquité. *Rouen*, 1726, *in-*12. 3 *vol.*

651 Hiftoire de la Comteffe de Savoye. 1726, *in-*12.

652 Hiftoire de la Princeffe Eftime. *Paris*, 1709, *in-*12.

653 Hiftoires prodigieufes & mémorables. *Paris*, 1698, *in-*24.

654 Hiftoire des Veftales, avec un Traité du luxe des Dames Romaines, par M. l'Abbé Nadal. *Paris*, 1725, *in-*12.

655 Hiftoire de l'Impératrice Irene. *Amft.* 1662, *in-*12.

656 Hiftoire des paffions, ou Aventures du Chevalier Shroop. *La Haye*, 1751, *in-*12. 2 *vol.*

657 Hiftoire de Fleur-d'Epine.—— Les Quatre-Facardins, Conte, par M. le Comte Hamilton. *Paris*, 1730, *in-*12.

658 Les heureufes infortunes de Celiante & de Marilinde, par le fieur Desfontaines. *Paris*, 1638, *in-*12.

659 Le Grand Hippomene. *Paris*, 1668. *in-*18.

660 L'Héroïne Moufquetaire, hiftoire véritable. *Paris*, 1713, *in-*12. *fig.*

661 L'Héroïne incomparable, repréfentée au naturel dans la Belle Hollandoife, par Mademoifelle S**. *La Haye*, 1714, *in-*12.

662 Conclufion de l'hiftoire d'Alcidalis & de Zelide. *Paris*, 1677, *in-*12.

663 Le Gafcon extravagant, hiftoire comique. *Paris*, 1639, *in-*12.

664 Les Folies amoureufes, par M. R ***. *Paris*, 1694, *in-*12.

665 La Fortune de la Cour, *Paris*, 1642, *in-*12.

666 Etrennes aux Femmes de goût & d'un fentiment délicat. *La Haye*, 1763, *in-*8.

667 Evandre & Fulvie, Hiftoire tragique. *Paris*, 1728, *in-*12.

668 Les Etrennes de la Saint-Jean. *Troyes*, 1751, *in-*12. *m. r.*

669 Les Evénemens finguliers, de Belley. 1762, *in-*12. 1 *vol.*

670 Érotée, Histoire tragique & amoureuse, par Bogliano. *La Haye*, 1748, *in-*12.

671 L'Épouse Amante, par le sieur de Chavigny. *Cologne*, 1683, *in-*18.

672 Évandre & Fulvie, Histoire tragique. *Paris*, 1728, *in-*12.

673 Les Effets de la Fortune, par Madame Thereau. *Paris*, 1656, *in-*12.

674 L'Amour en fureur, ou les Excès de la Jalousie Italienne. *Cologne*, 1710, *in-*12.

675 L'Amour sans Foiblesse. *Paris*, 1671, *in-*18. 2 *tom.* en un *vol.*

676 Les A-propos de Société. 1776, *in-*8. 3 *vol.*

677 L'Ami des Jeunes Gens. *Lille*, 1764, *in-*12.

678 L'Atlantis de Madame Manley. *Londres*, 1714, *in-*12. *m. r.*

679 Les Amans heureux, Histoires galantes. *Amsterdam*, 1722. — Les Amans trompés, Histoires galantes. *Amsterdam*, 1703, *in-*12.

680 L'Amelinte du Sr de Claireville. *Paris*, 1635, *in*12. 2 *part.* en 1 *vol.*

681 Les Agrémens & les Chagrins du Mariage. *Paris*, 1591, *in-*12.

682 L'Amant oisif, contenant cinquante Nouvelles Espagnoles. *Paris*, 1671, *in-*12. 3 *part.* en 1 *vol.*

683 L'Amant cloîtré, ou les Aventures d'Oronce & d'Eugénie, par le sieur de la Roberdiere. *Amsterdam*, 1683, *in-*12.

684 Adélaïde de Messine, Nouvelle historique, galante & tragique. *Amst.* 1722, *in-*12. 2 *tom.* en un *vol. fig.*

685 La nouvelle Astrée. *Paris*, 1713, *in-*18.

686 Artémise & Poliante, Nouvelle. *Paris*, 1670. — Irene, Princesse de Constantinople, Histoire Turque. *Paris*, 1678, *in-*18.

687 L'Alcide. *Paris*, 1548, *in-*12. 2 *vol.*

688 L'Arcadie Françoise de la Nymphe Amarille. *Paris*, 1625, *in-*12.

689 Alcidamie, par Mlle Desjardins. *Paris*, 1669, *in-*12. 2 *vol.*

690 Astérie. *Paris*, 1659, *in-*12.

691 Aventures secrettes, par M. de G***. *Paris*, 1696, *in-*12.

692 Les Aventures d'Apollonius de Tyr, par M. Libr..... *Paris*, 1710, *in-*12.

693 Les mêmes. *Paris*, 1710. — La Promenade du Luxembourg, par M. Le ***. *Paris*, 1713, *in-12.*

694 Les Aventures de ***, ou les Effets surprenans de la Sympathie. *Paris*, 1714. *in-12. 5 vol.*

695 Aventures de Flores & de Blanche-Fleur, par Madame L. G. D. R. *Paris*, 1735, *in-12.*

696 Aventures Secretes, par M. de G***. *Paris*, 1696, *in-12.*

697 Les Amusemens de la Princesse Atilde. *Paris*, 1697, *in-12. 2 tom. en un vol.*

698 Les Amusemens de l'Amitié, rendus utiles & intéressants. *Paris*, 1729, *in-12.*

699 Amusemens sérieux & comiques. *Paris*, 1707, *in-12.*

700 La Comtesse de Salisbury. *Paris*, 1682, *in-16.*

701 Les Caprices de l'Amour. *Paris*, 1681, *in-12. deux tom. en un vol.*

702 Le Comte de Cordonne, ou la Constance victorieuse, Histoiré Sicilienne, par Madame D***. *Paris*, 1702, *in-12.*

703 Cleoreste, par de Belley. *Lyon*, 1626, *in-12. 2 vol.*

704 La Clorymene de Marcassus. *Paris*, 1626, *in-12.*

705 La Comtesse d'Isembourg. *Paris*, 1678. — Don Juan d'Autriche, Nouvelle Historique. *Paris*, 1678. — Nouvelle Histoire de Gengiskan, Conquérant de l'Asie. *Paris*, 1716, *in-12.*

706 Le Comte de Dunois. *Paris*, 1671, *in-16.*

707 La Comtesse de Cendale. *Paris*, 1672, *in-16. 2 part. en un vol.*

708 Les Chevaliers Errans & le Génie familier, par Madame la Comtesse D***. *Paris*, 1709. *in-12.*

709 Les Caprices du Destin, par Mlle. l'H***. *Paris*, 1718, *in-12. fig.*

710 Cleobuline, ou la Veuve inconnue, par Madame L. B. D. M. *Paris*, 1658, *in-12.*

711 Le Beau-Frere supposé, par Madame D. V. *Lond.*, 1752, *in-12. 2 vol.*

712 Bouquet Historial. *Paris*, 1635, *in-12.*

713 La Belle Marguerite. *Paris*, 1671, *in-18.*

714 La Beauté Triomphante, ou les Caprices de la Fortune, Histoire galante. 1720, *in-12. 2 tom. en 1 vol.*

715 Les Divertissemens de Cassandre & de Diane, ou les Nouvelles de Castille & de Taleyro. *Paris*, 1683, *in-12. 2 tom. en 1 vol.*

716 Les Désordres de la Bassette. *Paris*, 1682, *in-16.*

717

717 **Les différents Caractéres de l'Amour.** *Paris*, 1685, *in-16. 2 tom. en 1 vol.*

718 **La Duchesse d'Estramene.** *Paris*, 1682.

719 **Les Dames Galantes,** ou la Confidence réciproque. *Paris*, 1685, *in-18. 2 tom. en 1 vol.*

720 **Le Docteur Gelaon,** ou les Ridiculités anciennes & modernes. *Londres*, 1737, *in-12.*

721 **Les Dames retrouvées,** Nouvelles Comiques & Galantes. *Paris*, 1673, *in-16.*

722 **Histoires Tragiques & Galantes.** *Paris*, 1715, *in-12.* 3 *vol. fig.*

723 **Les Amans malheureux.** *Amsterdam*, 1722, 1 *vol. in-12.*

724 . . . .

725 **L'Amour échappé.** *Paris*, 1669, *in-12.* 3 *vol.*

726 **Les Amours infideles,** par de Clairville. *Paris*, 1625, *in-12.*

727 **Les Epoux malheureux,** ou Histoire de M. & de Madame la Bedoyere. *La Haye*, 1749, *in-12.*

728 **L'Art d'aimer à la mode.** *Paris*, 1725, *in-12.*

729 **L'Art de Désopiler la Rate.** *in-12.* 2 *vol.*

730 **L'Esprit Malin,** Nouvelle historique & galante. *Paris*, 1710, *in-12.*

731 **Les Aventures Galantes du Chevalier de Themicourt,** par Madame D**. *Paris*, 1701, *in-12.*

732 **Le Palais du Silence,** Conte philosophique. *Amsterd.* 1754, *in-12.* 2 *vol.*

733 **Bibliothéque des Génies & des Fées.** *Paris*, 1764, *in-12.* 2 *vol.*

734 **Contes Moraux de Marmontel.** *Paris*, 1761, *in-12.* 2 *vol.*

735 **L'Enfantement de Jupiter,** ou la Fille sans Mere. *Amsterdam*, 1763, *in-12.*

736 **Les Contes des Fées.** *Paris*, 1725, *in-12.* 4 *vol.*

737 **Florine,** ou la belle Italienne, nouveau Conte des Fées. *Paris*, 1713, *in-12.*

738 **Les petits Soupers de l'Eté,** ou Aventures galantes, avec l'Origine des Fées, par Madame Durand. *Paris*, 1702, *in-16. 2 tom. en 1 vol.*

739 **Œuvres d'Hamilton.** 1762, *in-18.* 6 *vol.*

740 **Les mille & une Nuit,** par Galland. *Paris*, 1747, *in-12.* 6 *vol.*

741 **Les mille & un Jour.** *Paris*, 1729, *in-12.* 5 *vol.*

742 Mille & une Faveurs, par le Chevalier de Mouchy. *Londres*, 1740, *in-12.* 8 *vol.*

743 Les mêmes. *Londres*, 1740, *in-18.* 8 *vol.*

744 Angelina, traduit de l'Italien. *Milan*, 1752, *in-12.* 2 *vol.*

745 Amusemens des Eaux d'Aix-la-Chapelle. *Amsterdam*, 1736, *in-12.* 3 *vol. fig.*

746 Amusemens des Eaux de Spa. *Amsterdam*, 1735, *in-12.* 2 *vol. fig.*

747 Les Divertissemens de Forges. *Paris*, 1663, *in-16.*

748 Mirza & Fatmé, Conte Indien. *La Haye*, 1754, *in-12.*

749 Les Dionysiaques, ou les Voyages, les Amours & les Conquêtes de Bacchus aux Indes. *Paris*, 1625, *in-12.*

750 Voyage de Zulma dans le Pays des Fées. *Amsterdam*, 1734, *in-12.*

751 Voyage de l'Isle d'Amour. *Paris*, 1713, *in-12.*

752 Voyage des trois Princes de Sarendip. *Paris*, 1719, *in-12.*

753 Voyage merveilleux du Prince Sanferidin dans la Romancie. *Paris*, 1735, *in-12.*

754 Voyage de Bachaumont & Chapelle. *La Haye*, 1732, *in-12.*

755 Voyages & Aventures du Comte de ***, & de son fils. *Amsterdam*, 1745, *in-12.* 3 *vol.*

756 Voyage du Chevalier de Quevedos. 1756, *in-12.*

757 Le Voyageur Philosophe. *Amsterdam*, 1761, *in-12.* 2 *vol.*

758 Les Aventures Provinciales, le Voyage de Falaize, par M. Lenoble. *Paris*, 1707, *in-12.*

759 La Relation de l'Isle imaginaire, & l'Histoire de la Princesse Paphalagonie. *Paris*, 1734, *in-12.*

760 Voyages de Milord Ceton dans les sept Planetes. *La Haye*, 1765, *in-12.* 2 *parties en* 1 *vol.*

761 Œuvres de Madame de Villedieu. *Paris*, 1720, *in-12.* 12 *vol. manque le tome premier.*

762 Les mêmes. *Paris*, 1741, 12 *vol.*

763 Les Amusemens de la Campagne, ou le Défi spirituel. *Paris*, 1724, *in-12.*

764 Bibliothéque de Campagne, ou Amusemens de l'Esprit & du Cœur. *Lyon*, 1766, *in-12.* 24 *vol.*

765 Œuvres de Madame Durand. *Paris*, 1737, *in-12.* 6 *vol.*

766 Les Journées amusantes de Madame de Gomez. *Amst.*

1761 ; *in*-12. 8 *vol. manque le tome premier.*

767 Recueil de Romans historiques. *Londres,* 1748, *in*-12.
8 *vol.*

768 La Promenade de Saint Cloud, ou la Confidence
réciproque. *Paris,* 1736, *in*-12. *2 part. en 1 vol.*

769 Histoire générale des Larrons, par F. D. C. Lyon-
nois. *Paris,* 1639, *in*-12.

770 Mémoire pour servir à l'Histoire de la Calotte. *Paris,*
1739, *in*-12. 3 *vol.*

771 **L**ES Essais de Montaigne. *Paris,* 1602, *in*-8º.
2 *vol.*

772 Les mêmes, avec des remarques & de nouveaux
indices, par Pierre Coste. *Londres,* 1724, *in*-4.
3 *vol. v. éc.*

773 Les mêmes, par Pierre Coste. *Paris,* 1725, *in*-4.
3 *vol. gr. pap.*

774 Supplément aux mêmes, par M. le Président Bouhier.
Londres, 1740, *in*-4.

775 L'esprit de Montaigne. *Paris,* 1767, *in*-12. 2 *vol.*

776 Œuvres mêlées de M. de Saint-Evremond. *Par.* 1697,
in-12. 8 *vol. m. r.*

777 Les mêmes, avec la Vie de l'Auteur, par M. des
Maiseaux. *Amsterd.* 1726, *in*-12. 7 *vol. fig.*

778 Les mêmes. 1753, *in*-12. 9 *vol.*

779 Réflexions & Dissertation sur les Œuvres de **M.** de
Saint-Evremont. *Amsterdam,* 1700, *in*-12.

780 Œuvres de **M.** l'Abbé de Saint-Réal. *Paris,* 1730,
in-12. 5 *vol.*

781 Œuvres mêlées de M. le Chevalier de S. J. *Amsterdam,* 1735, *in*-12. 2 *vol.*

782 Œuvres diverses du Sieur R***. *Soleure,* 1712,
in-12.

783 Œuvres mêlées de M. de R. B. *Amsterdam,* 1722,
in-12.

784 Œuvres de Montesquieu. *Lond.* 1757, *in*-12. 8 *vol.*

785 ——— de M. de Moncrif. *Paris,* 1751, *in*-12.
3 *vol.*

786 Œuvres de M. de Fontenelle. *Paris,* 1742, *in*-12.
8 *vol.*

787 Les mêmes. *Paris,* 1758, *in*-12. 11 *vol.*

783 Les mêmes. *La Haye,* 1728, *in*-4. 3 *vol. fig. g. p.
v. f. d. f. t.*

789 Œuvres de Madame la Marquife de Lambert. *Paris*, 1748, *in*-12 2 *vol.*

790 Mêlanges de Littérature, d'Hiftoire & de Philofo-phie. *Amfterdam*, 1769, *in*-12. 4 *vol.*

791 Mêlanges de Littérature Angloife, traduits par Madame B****. *La Haye*, 1759, *in*-12.

792 Mêlanges de Poëfie Angloife. 1764, *in*-12.

793 Œuvres du Philofophe-Sans-Souci. 1750, *in*-8. 3 *vol.*

794 ——— de J. J. Rouffeau. *La Haye*, 1762, *in*-8. 16 *vol.*

795 Les mêmes. *Genève*, 1780, *in*-4. 4 *vol.*

796 Collection des Œuvres de M. Dorat. *Neufchâtel*, 1776, *in*-8. 6 *vol. br.*

797 Lettres de Madame Dunoyer. *Londres*, 1741, *in*-12. 6 *vol.*

798 Lettres d'amour d'une Religieufe Portugaife, écrites au Chevalier de C., Officier en Portugal, & les Ré-ponfes du Chevalier à la Religieufe. *La Haye*, 1697, *in*-16.

799 Lettres Galantes de M. le Chevalier d'Her***., par de Fontenelle. *Paris*, 1699, *in*-12. *m. r.*

800 Lettres fur les Anglois & fur les François, & fur les Voyages. 1726, *in*-12. 3 *tom. en* 1 *vol. v. f.*

801 Lettres de Nedim Coggia, & autres Lettres Turques. *Amfterdam*, 1732, *in*-12. *v. f.*

802 Lettres de la Marquife de M***., au Comte de R***. 1732, *in*-12.

803 Lettres de Madame de Sevigné. *Paris*, 1738, *in*-12. 6 *vol.*

804 Recueil de Lettres choifies, pour fervir de fuite aux Lettres de Madame de Sévigné. *Paris*, 1751, *in*-12.

805 Supplément aux Lettres de Madame de Sévigné. *Paris*, 1754, *in*-12. 2 *vol.*

806 Lettre écrite à un Actionnaire de la Compagnie des Indes orientales d'Angleterre. *London*, 1750, *in*-8.

807 Lettres d'une Péruvienne. *in*-12.

808 ——— Angloifes, ou Hiftoire de Mifs-Clarice Harlove. *Londres*, 1751, *in*-12. 6 *vol. manque le tom.* 5.ᵉ

809 Lettres fur l'Hiftoire, par le Vicomte de Boling-brocke. 1752, *in*-12. 2 *vol.*

810 Lettres d'Ofman. *Conftantinople*, 1753, *in*-12. 3 *vol.*

811 Lettres de Milady Juliette Catefby, à Milady Hen-

riette Campley. *Amsterdam*, 1759, *in-12. v. éc.*

812 Lettres d'Henriette & d'Emilie, traduites de l'Anglois, par Madame G. D. D. S. G. *Londres*, 1763, *in-12.*

813 Lettres de Barnevelt. *Paris*, 1763, *in-8. fig. m. r.*

814 ——— du Comte de Comminge. *Paris*, 1764, *in-8. fig. m. r.*

815 Lettres, Mémoires & Négociations particulieres du Chevalier d'Eon. *Londres*, 1764, *in-8.*

816 Lettres, Mémoires & Négociations particulieres du Chevalier d'Eon. *Londres*, 1764, *in-4. m. r.*

817 Lettres de Sophie & du Chevalier de **. *Paris*, 1765, *in-12.*

818 Lettre d'Elisabeth - Sophie de Valliere, à Louise-Hortense de Cantelu, par Madame de Riccoboni. *Paris*, 1772, *in-12. 2 part. en 1 vol.*

819 Lettres de Ganganelli. *Paris*, 1776, *in-12. 2 vol.*

HISTOIRE.

820 MÉTHODE abrégée & facile pour apprendre la Géographie. *Paris*, 1741, *in-12.*

821 Nouveau Voyage d'Italie. *La Haye*, 1702, *in-12. 3 vol. fig.*

822 Voyage de Moscovie, Tartarie & de Perse, traduit de l'Allemand d'Olearius, par L. R. D. B. *Paris*, 1756, *in-4.*

823 Voyage au Levant, par Lebruyn. *Paris*, 1725, *in-4. 5 vol. fig.*

824 Relation d'un Voyage des Indes Orientales, par M. Delion. *Paris*, 1689, *in-16*, 2 *tom. en 1 vol.*

825 Relation ou Journal d'un Voyage fait aux Indes Orientales. *Paris*, 1698, *in-12.*

826 Les Voyages de Glantzby, dans les Mers Orientales de la Tartarie. *Paris*, 1729, *in-12.*

827 Relation du Voyage d'Espagne. *Paris*, 1691, *in-12. 3 vol.*

828 Relation curieuse & nouvelle d'un Voyage de Congo, ès années 1666 & 1667. *Lyon*, 1680, *in-12.*

829 Voyages en Sicile & à Malthe, traduits de l'Anglois de M. Brydon, par M. de Meunier. *Neufchâtel*, 1776, *in-8. br.*

830 Histoire universelle de Trogue Pompée, par Justin. *Paris*, 1693, *in-12. 2 vol.*

831 Histoire Universelle de M. de Thou. *Londres*, 1734, *in-4.* 16 *vol.*

832 La nouvelle Mer des Histoires. *Paris*, 1733, *in-12.* 6 *tom. en* 3 *vol.*

833 Mémoires pour servir à l'histoire du XVIIIe. siécle, par M. de Lamberti. *La Haye*, 1724, *in-4.* 14 *vol. v. f. d. f. t.*

834 Mémoire de M. de ****. pour servir à l'Histoire des Négociations. *La Haye*, 1757, *in-12.* 3 *vol.*

835 L'Europe vivante, ou Relation nouvelle historique & politique de tous ses Etats. *Geneve*, 1667, *in-4.*

836 Histoire générale de l'état présent de l'Europe. *Paris*, 1774, *in-12.* 2 *vol. v. f. d. f. t.*

837 Epicaris, suite des Histoires secretes des plus fameuses conspirations, par M. Lenoble. *Paris*, 1698, *in-12.*

838 Anecdotes Eccléfiastiques. *Paris*, 1772, *in-8.* 2 *vol.*

839 Histoire de la Papesse Jeanne. *La Haye*, 1738, *in-12.* 2 *vol.*

840 Histoire Ancienne, par M. Rollin. *Paris*, 1740, *in-4.* 6 *vol.*

841 La même. *Paris*, 1737, *in-12.* 14 *vol.*

842 Anecdotes de l'Empire Romain. *Paris*, 1778, *in-8.*

843 Quinte-Curce, de la Vie & des Actions d'Alexandre-le-Grand, traduit par Vaugelas, avec les Suppléments par Duryer. *Paris*, 1653, *in-4.*

844 Annales de Tacite, traduits par M. l'Abbé de la Bleterie. *Paris*, 1768, *in-12.* 3 *vol.*

845 Histoire des Empereurs Romains, par Crevier. *Paris*, 1763, *in-12.* 12 *vol.*

846 Histoire Romaine, par Coeffeteau. *Paris*, 1647, *in-8.* 2 *vol.*

847 L'ancienne Rome, par de Seine. *Leyde*, 1713, *in-12.* 4 *vol. fig.*

848 Rome moderne, par de Seine. *Leyde*, 1713, *in-12.* 6 *vol.*

849 Histoire du Bas-Empire, par M. Lebeau. *Paris*, 1757, *in-12.* 16 *vol.*

850 L'Espion dans les Cours des Princes Chrétiens. *Cologne*, 1731, *in-12.* 6 *vol.*

851 Annales de la Monarchie Françoise, par M. de Limiers. *Amsterdam*, 1724, *in-fol.* 3 *vol. fig.*

852 Les Monumens de la Monarchie Françoise, par le R. P. Dom Bernard de Montfaucon. *Paris*, 1729, *in-fol.* 5 *vol.*

853 Anecdotes Françoises. *Paris*, 1778, *in*-8. 3 vol.

854 Histoire de France de Mezeray. *Paris*, *Guillemot*, 1643, 1646, & 1651, *in*-4. 3 vol. *gr. pap. m. r.*

855 Abrégé de l'Histoire de France, par Daniel. *Paris*, 1751, *in*-12. 12 vol.

856-857 Mémoires pour servir à l'Histoire de France. *Cologne*, 1719, *in*-12. 2 vol. *fig.*

858 Nouvel Abrégé Chronologique de l'Histoire de France. *Paris*, 1749, *in*-4. *fig.*

859 Supplément à l'Abrégé Chronologique de l'Histoire de France. *Paris*, 1756, *in*-4.

860 Histoire de Charles VI. par Jean Juvenal des Ursins, augmentée par Godefroy. *Paris*, 1653, *in-fol.*

861 Histoire de France, par M. l'Abbé Velly. *Paris*, 1770, *in*-4. 12 vol. *v. f.*

862 Histoire de Charles VII. Roi de France, par Jean Chartier & autres Auteurs, revue par Godefroy. *Paris*, 1661, *in-fol.*

863 Histoire de Charles VIII. Roi de France, par Guillaume de Jaligny & autres Auteurs, le tout recueilli par Godefroy. *Paris*, 1684, *in-fol.*

864 Histoire de Louis XI. par Mademoiselle de Lussan. *Paris*, 1755, *in*-12. 6 vol.

865 Mémoires de Comines, où l'on trouve l'Histoire des Rois de France Louis XI. & Charles VIII. par MM. Godefroy, augmentés par M. l'Abbé Lenglet Dufresnoy. *Londres*, 1745, *in*-4. 4 vol. *gr. pap. fig. d. f. t.*

866 Les mêmes. *La Haye*, 1682, *in*-12. 2 vol.

866 *bis.* Histoire des Conquêtes de Louis XV. par M. Dumortous. *Paris*, 1759, *in-fol. fig. m. r.*

867 Histoire du Chevalier Bayard. *Paris*, 1619, *in*-4.

868 Mémoires de la vie du Maréchal de Vieilleville. *Paris*, 1757, *in*-8. 5 vol.

869 Histoire de François Ier. par M. Gaillard. *Paris*, 1766, *in*-12. 4 vol.

870 Histoire de Marguerite de Valois, Reine de Navarre. *Amsterdam*, 1745, *in*-12. 2 vol.

871 Histoire de Henri II, par de Varillas. *Paris*, 1692, *in* 12.

872 Les Mémoires de Castelnau, par J. le Laboureur. *Bruxelles*, 1731, *in-fol* 3 vol.

873 Mémoires de Condé, servant d'Eclaircissement & de preuves à l'Histoire de M. de Thou. *Londres*, 1734, *in*-4. 6 vol.

874 Hiſtoire du Duc de Bouillon, par Marſollier. *Paris,* 1719, *in-*12. 3 *vol.*

875 Vie d'Elizabeth, Reine de France, par Grégoire Leti. *Amſterdam,* 1701, *in-*12. 2 *vol.*

876 Journal d'Henri III, Roi de France & de Pologne, par de l'Eſtoile. *Haris,* 1744, *in-*12. 5 *vol.*

877 Journal de Henri IV, Roi de France & de Navarre, par de l'Eſtoile. *La Haye,* 1741, *in-*12. 4 *vol.*

878 Recueil de diverſes Pieces, pour ſervir à l'Hiſtoire de Henri III, Roi de France & de Pologne. *Cologne,* 1663, *in-*24. *m. r.*

879 Les Aventures du Baron de Fœneſte, par d'Aubigné. *Amſterdam,* 1731, *in-*12. 2 *vol.*

880 Mémoires de la Ligue, contenant les Evénemens les plus remarquables depuis 1576, juſqu'à la paix, entre les Rois de France & d'Eſpagne, en 1598. *Amſterdam,* 1758, *in-*4. 6 *vol.*

881 Les Mémoires de M. le Duc de Nevers, Prince de Mantoue. *Paris,* 1665, *in-fol.* 2 *vol.*

882 Mémoires d'Etat de M. de Villeroy. *Amſterdam,* 1725, *in-*12. 7 *vol.*

883 La Légende du Cardinal de Lorraine. 1576, *in-*12. *m. r.*

884 Hiſtoire de Henri IV, par M. de Bury. *Paris,* 1765, *in-*4. 2 *vol.*

885 Lettres du Cardinal d'Offat. *Amſterdam,* 1714, *in-*12. 5 *vol.*

886 Satyre Menippé. *Ratisbonne,* 1752, *in-*12. 3 *vol.* *fig.*

887 Mémoires de Sully. *Londres,* 1747, *in-*12. 8 *vol.*

888 Remarques ſur le Gouvernement du Royaume, pendant les Regnes de Henri IV, de Louis XIII, & de Louis XIV. *Cologne,* 1688, *in-*24. *m. j.*

889 Hiſtoire de Louis XIII, par Levaſſor. *Amſterdam,* 1750, *in-*12. 18 *vol.*

890 Mémoires pour ſervir à l'Hiſtoire d'Anne d'Autriche, par Madame de Motteville. *Amſterdam,* 1733, *in-*12. 5 *vol.*

891 Les mêmes. *Amſterdam,* 1750, *in-*12. 6 *vol.*

892 Hiſtoire de la Mere & du Fils, ou de Marie de Médicis, par de Mezeray. *Amſterdam,* 1731, *in-*12. 2 *vol.*

893 Vie du Cardinal de Richelieu. *Amſterdam,* 1724, *in-*12. 3 *vol.*

894

894 Recueil des Piéces les plus curieuses qui ont été faites pendant le regne du Connétable de Luynes. 1628, *in*-12. *v. f. d. f. t.*

895 Les Mémoires du Duc de Rohan. 1644, *in*-24. *m. v.*

896 Mémoires des divers Emplois & des principales Actions du Maréchal Dupleffis. *Paris*, 1676, *in*-4.

897 Mémoires de Mlle. de Montpenfier. *Paris*, 1728, *in*-12. *6 tom. en 3 vol.*

898 Les mêmes. *Londres*, 1746, *in*-12. *7 vol.*

899 Vie de Marie de Médicis, Reine de France & de Navarre. *Paris*, 1774, *in*-8. *3 vol.*

900 Difcours merveilleux de la Vie, Actions & Déporte-mens de Catherine de Médicis, Reine-mere. 1649. *in*-12.

901 Emblêmes & Devifes pour la Reine, mere du Roi. 1625, fur velin, *fig. coloriées, m. j.*

902 Mémoires de M. D. L. R. fur les Brigues à la mort de Louis XIII ; les Guerres de Paris & de Guyenne, & la Prifon des Princes. *Cologne*, 1717, *in*-12.

903 Mémoires de M. de Puyfegur, fous les regnes de Louis XIII & de Louis XIV, publiés par Duchefne. *Paris*, 1690, *in*-12. *2 vol.*

904 L'Efprit de la Ligue, ou Hiftoire politique des troubles de France, pendant les feixiéme & dix-fep-tiéme fiécles. *Paris*, 1767, *in*-12. *3 vol.*

905 L'Efprit de la Fronde, ou Hiftoire politique & Mili-taire des Troubles de France, pendant la minorité de Louis XIV. *Paris*, 1772, *in*-12. *5 vol.*

906 Le même. *Paris*, 1772, *in*-12. *2 vol.*

907 Recueil de Piéces pour fervir à l'Hiftoire Militaire du regne de Louis XIV. *La Haye*, 1760. *in*-12. *8 vol.*

908 Mémoires pour fervir à l'Hiftoire de Louis XIV, par M. l'Abbé de Choifi. *Utrecht*, 1727, *in*-12.

909 Mémoires Politiques & Miliaires, pour fervir à l'Hiftoire de Louis XIV. & de Louis XV, par M. l'Abbé Millot. *Paris*, 1777, *in*-12. *6 vol.*

910 Médailles fur les principaux Evénemens du regne de Louis-le-Grand. *Paris*, 1723, *in*-fol. *fig. m. r.*

911 Mémoires de M. L. D. D. N. fur ce qui s'eft paffé de plus particulier en France, pendant la Guerre de Paris, jufqu'à la prifon du Cardinal de Retz, arrivée en 1652. *Cologne*, 1709, *in*-12.

912 Mémoires de Retz & de Joly. *Geneve*, 1751, *in*-12. *7 vol.*

913 Les mêmes. *Amfterdam*, 1723, *in*-12. *6 vol.*

914 L'Entrée Triomphante de Louis XIV, & de Marie-Thérèfe d'Autriche dans Paris. 1682, *in-fol. fig.*

915 Mémoires de Madame de Maintenon. *Amfterdam,* 1755, *in-*12. 15 *vol. manque le tome* 7.

916 Teftament politique de Colbert. *La Haye,* 1694, *in-*12.

917 Mémoires de la Cour de France, par Madame de la Fayette. *Amfterdam,* 1742, *in-*12. 2 *vol.*

918 Mémoires de M. Delaporte, premier Valet de Chambre de Louis XIV. *Geneve,* 1755, *in-*12.

919 Mémoires de Gourville. *Paris,* 1724, *in-*12. 2 *vol.*

920 Lettres, Mémoires & Négociations du Comte d'Eftrade. *Londres,* 1743, *in-*12. 9 *vol.*

921 Siécle de Louis XiV. 1768, *in-*8. 4 *vol. manque le tom.* 3.

922 Le véritable pere Jofeph, Capucin, nommé au Cardinalat, contenant l'Hiftoire Anecdote du Cardinal de Richelieu. 1704, *in-*12.

923 Hiftoire du Miniftere du Cardinal Mazarin, par le Comte Galeazzo-Gualdo-Priorato. *Amfterdam,* 1771, *in-*24.

924 Lettres du Cardinal Mazarin. *Amfterdam,* 1745, *in-*12. 2 *vol.*

925 Le Cardinal Mazarin joué par M. Flamand. *Cologne,* 1671, *in-*24.

926 Tableau de la Vie & du Gouvernement de Richelieu, de Mazarin & de Colbert. *Cologne,* 1694, *in-*12.

927 Parallèle du Cardinal de Richelieu & du Cardinal de Mazarin, par l'Abbé Richard. *Paris,* 1716, *in-*12.

928 Mémoires de la Régence durant la minorité de Louis XV. *La Haye,* 1730, 3 *vol.*

929 Vie de Philippe d'Orléans, Régent du Royaume, pendant la minorité de Louis XV. *Amfterdam,* 1740, *in-*12. 2 *vol.*

930 Mémoires du Chevalier de Ravanne. *Londres,* 1751, *in-*12. 3 *vol.*

931 Teftament politique du Maréchal de Belle-Ifle. *Amfterdam,* 1761, *in-*12.

932 Mémoires de l'Abbé de Montgon. 1750, *in-*12. 6 *vol.*

933 Hiftoire du Comte de Saxe, par M. le Baron d'Efpagnac. *Paris,* 1733, *in-*12. 2 *vol.*

934 Les mémorables Journées des François. *Paris,* 1682, *in-*12. 2 *tom. en* 1 *vol.*

935 Mémoires Hiftoriques, Critiques & Anecdotes des

Reines & Régentes de France. *Amsterdam* , 1776 ,
in-12. 6 vol.

936 Histoire de la Maison de Bourbon , par M. Desormaux. *Paris* , 1772 , *in-4. 2 vol.*

937 Histoire de la Maison de Montmorency , par M.
Desormaux. *Paris* , 1764 , *in-12. 5 vol.*

938 L'Esprit de Luxembourg , ou Conférence avec Louis
XIV. *Cologne* , 1693 , *in-18.*

939 Histoire de l'ancien Gouvernement de la France ,
par de Boullainvilliers. *La Haye* , 1727, *in-12. 4 vol.*

940 Recueil de différentes choses , par M. le Marquis de
Laffay. *Lausanne* , 1756 , *in-12. 4 vol. v. é.*

941 Tableau Historique, Généalogique & Chronologique
des trois Cours Souveraines de France. *Paris* , 1772 ,
in-8.

942 Mémorial de Paris & de ses Environs, à l'usage des
Voyageurs , par l'Abbé Antonini. *Paris* , 1732 , *in-12.*

943 Description de la nouvelle Eglise de l'Hôtel Royal
des Invalides. *Paris* , 1702 , *in-12.*

944 Description Historique de l'Hôtel Royal des Invalides, par M. l'Abbé Ferau, avec les Plans , Coupes ,
Elévations , Peintures & Sculptures de l'Eglise , dessinés
& gravés par M. Cochin. *Paris* , 1756 , *in-fol. fig.*

945 Histoire de Bretagne , par Lobineau. *Paris* , 1707 ,
in-fol. 2 vol. fig. m. r.

946 Anecdotes Germaniques. *Paris* , 1769 , *in-8.*

947 Histoire générale d'Allemagne , par le P. Barre.
Paris , 1748 , *in-4. 10 tom. en 11 vol.*

948 Histoire politique des Querelles entre l'Empereur
Charles V. & François premier , Roi de France. *Paris* ,
1777 , *in-8. 2 vol.*

949 Histoire du Prince Charles , & de l'Impératrice
Douairiere. *Cologne* , 1676 , *in-18.*

950 Mémoires Historiques, Militaires & Politiques de
l'Europe , depuis l'élévation de Charles Quint au
Trône de l'Empire , jusqu'au Traité d'Aix-la-Chapelle,
en 1748 , par M. l'Abbé Raynal. *Amsterdam* , 1754 ,
in-12. 3 vol. v. f. d. s. t.

951 Discours Historique de l'Election de l'Empereur, &
des Electeurs de l'Empire. *Paris* , 1658 , *in-4.*

952 Mémoires de Brandebourg. 1751 , *in-12. 3 vol.*

953 Anecdotes des Républiques. *Paris* , 1771, *in-8. 2 vol.*

954 Anecdotes Italiennes. *Paris* , 1769 , *in-8.*

955 Les Délices de l'Italie. *in-12. 4 vol. fig.*

956 Histoire du Gouvernement de Venife. *Paris*, 1685 ; *in*-8. 2 *vol.*

957 Histoire du Démêlé du Pape Paul V, avec la République de Venife. *Avignon*, 1769, *in*-12. 2 *vol.*

958 Anecdotes Efpagnoles. *Paris*, 1773, *in*-8. 2 *vol.*

959 Mémoires de la Cour d'Efpagne. *Paris*, 1692, *in*-12. 2 *vol.*

960 Les mêmes, par Madame D***. *Lyon*, 1693, *in*-12. 2 *vol.*

961 Histoire des Guerres Civiles des Efpagnols dans les Indes, traduite de l'Efpagnol, par Baudoin. *Amfterd.* 1706, *in*-12. 4 *vol.*

962 Voyage de la Reine d'Efpagne. *Paris*, 1680, *in*-16. 2 *tom. en* 1 *vol.*

963 Les Délices d'Efpagne & de Portugal, par Don Juan Alvarez de Colmenar. *Leyde*, 1715, *in*-12. 6 *vol. fig.*

964 Révolutions de Portugal, par M. l'Abbé de Vertot. *Paris*, 1750, *in*-12.

965 Histoire de la Conjuration de Portugal. *Paris*, 1689, *in*-12.

966 Histoire de Don Juan de Portugal. *Paris*, 1724, *in*-12.

967 Histoire d'Angleterre, par Smollet, traduite de l'Anglois par M. Targe. *Orléans*, 1759, *in*-12. 19 *vol. m. r.*

968 Histoire d'Angleterre, pour fervir de continuation aux Hiftoires de MM. Smollet & Hume, par M. Targe, *Londres*, 1768, *in*-12. 4 *vol. m. r.*

969 Histoire de la Maifon de Tudor, fur le Trône d'Angleterre, par Hume. *Amfterdam*, *in*-12. 6 *vol.*

970 Histoire de la Maifon de Stuart, fur le Trône d'Angleterre, par Hume. *Londres*, 1763, *in*-12. 6 *vol.*

971 Histoire des Révolutions d'Angleterre, par le P. d'Orleans. *Paris*, 1744, *in*-12.

972 Histoire de Fridéric fecond, par le fieur ***. *Paris*, 1689, *in*-12.

973 Histoire de Henriette d'Angleterre, par Madame de la Fayette. *Amfterdam*, 1742, *in*-12.

974 Histoire de Cromwel. *Paris*, 1691, *in*-4.

975 Histoire d'Ecoffe, fous les regnes de Marie Stuart & de Jacques IV, par Robertfon. *Londres*, 1764, *in*-12. 3 *vol.*

976 La mort de la Reine d'Ecoffe, Douairiere de France. 1589, *in*-24. *m. b.*

977 Anecdotes du Nord. *Paris*, 1770, *in*-8.

978 Histoire de Charles XII, Roi de Suéde, par M. de V**. *Basle*, 1731, *in-12.* 2 *vol.*

979 La même. *Geneve*, 1760, *in-12.*

980 Commentaire des Guerres de Suéde, par de Mauroy, *Paris*, 1653, *in-8.*

981 Histoire de Frédéric-Guillaume Ier. Roi de Prusse. *Amsterdam*, 1741, *in-12*, 2 *tom. en un vol.*

982 Anecdotes Arabes & Musulmanes. *Paris*, 1772, *in-8.*

983 Anecdotes Orientales. *Paris*, 1773, *in-8.* 2 *vol.*

984 Histoire de la décadence de l'Empire Grec & établissement de celui des Turcs, par Chalcondide, Athénien, avec la continuation de la même histoire, par Thomas Artus, Sieur d'Embry. *in-fol.* 2 *vol. fig. m. r.*

985 Histoire générale des Provinces Unies, par MM. D***. & S***. *Paris*, 1757, *in-4.* 8 *vol. fig.*

986 Anecdotes Chinoises, Japonoises. *Paris*, 1774, *in-8.*

987 Anecdotes Africaines. *Paris*, 1775, *in-8.*

988 Anecdotes Américaines. *Paris*, 1776, *in-8.*

989 Dictionnaire de la Noblesse. *Paris*, 1770, *in-4.* 12 *vol.*

990 Essai sur la Noblesse de France, par de Boullainvilliers. *Amsterdam*, 1732, *in-12.*

991 Histoire Généalogique & Chronologique de la Maison Royale de France, des Pairs, des Grands Officiers de la Couronne de France; &c. par le P. Anselme. *Paris*, 1726, *in-fol.* 9 *vol.*

992 Généalogie de la Maison d'Irlande & de celle de Sainte Hermine. *Paris*, 1780, *in-8. v. f. d. f. t.*

993 L'Antiquité expliquée & représentée en figures, par Dom Bernard de Montfaucon. *Paris*, 1719, *in-fol.* 5 *tom. en* 10 *vol. gr. pap.*

994 Supplément au livre de l'Antiquité, par Bernard de Montfaucon. *Paris*, 1757, *in-fol.* 5 *vol. gr. pap.*

995 Les Ruines des plus beaux Monumens de la Grèce, par M. Leroy. *Paris*, 1758, *in-fol. gr. pap.*

996 Les Ruines de Palmire, ou Tedmor au Désert. *Amsterdam*, 1753, *in-fol. fig. gr. pap.*

997 Monumens de l'ancienne Rome, ou Recueil des plus beaux Morceaux de l'Antiquité Romaine, dessinés par M. Barbaut, & gravés en 128 Planches. *Rome*, 1761, *in-fol. gr. pap. m. r.*

998 Les Restes de l'Ancienne Rome, recherchés & gravés par Bonaventure d'Overbeke. *Amsterdam*, 1709, *in-fol.* 3 *tom. en* 1 *vol.*

999 Le grand Cabinet Romain, ou Recueil d'Antiquités

Romaines , avec les explications de Michel-Ange de la Chauffée. *Amſterdam* , 1706 , *in-fol.*

1000 Tableau du Cabinet du Roi, Statues & Buſtes antiques des Maiſons Royales. *Paris* , 1677, *in-fol. m. r.*

1001 La Galerie du Luxembourg, peinte par Rubens, deſſinée par les ſieurs Rattier , & gravée par les plus illuſtres Graveurs. *Paris* , 1710, *in-fol. gr. pap.*

1002 Pierres Antiques gravées, deſſinées & gravées en cuivre par Bernard Picart, tirées des principaux Cabinets de l'Europe, expliquées par M. Philippe de Stoſch, & traduites en François par M. de Limiers. *Amſterdam*, 1724, *in-fol. m. r.*

1003 Traité des Pierres gravées, par P. J. Mariette. *Paris* , 1750, *in-4. 2 vol.*

1004 Les Obſervations de pluſieurs ſingularités & choſes mémorables trouvées en Grèce & autres pays étrangers , par Pierre Belon du Mans. *Paris* , 1688 , *in-4. avec fig. gravées en bois.*

1005 Recueil de Têtes de caractere & de charges , deſſinées par Léonard de Vinci Florentin, & gravées par M. le C. de C. 1738 , *in-4.*

1006 Recueil d'Eſtampes d'après les plus beaux Tableaux & les plus beaux Deſſins qui ſont dans les Cabinets du Roi , de Monſeigneur le Duc d'Orléans & autres. *Paris,* 1729 , *in-fol. 2 vol. gr. pap.*

1007 Recueil d'Eſtampes d'après les Tableaux des Peintres les plus célebres , tirées du Cabinet de M. Boyer d'Aguilles , gravées par Coclemans d'Anvers. *Paris* , 1744, *in-fol. gr. pap.*

1008 Catalogue des Tableaux & Deſſins de Monſeigneur le Prince de Conty. *Paris* , 1777 , *in-12. 2 vol. avec les prix.*

1009 Médailles du Cabinet de la Reine Chriſtine , gravées par Pietro Santes Bartolo , en 63 planches, expliquées par un Commentaire traduit du Latin de Sigebert Havercamp, Latin & François. *La Haye* , 1742 , *in-fol. fig. v. é.*

1010 Recueil d'Antiquités Egyptiennes , Etruſques , Grecques & Romaines, par M. le Comte de Caylus. *Paris* , 1752 , *in-4. 8 vol. m. j.*

1011 Hiſtoire de l'Académie Royale des Inſcriptions & Belles-Lettres , avec l'Eloge de tous les Académiciens morts depuis ſon renouvellement. *Paris* , 1740 , *in-12. 3 vol.*

1012 Bibliothéque Angloife, ou Hiftoire Littéraire de la grande Bretagne, par M. D. L. R. *Amfterdam, 1717, in-12. 6 vol. manque le tome premier.*

1013 Agenda des Auteurs, ou Calpin Littéraire à l'ufage de ceux qui veulent faire des Livres. 1755, *in-12.*

1014 Images des Héros & des grands Hommes de l'Antiquité, deffinées fur des Médailles, Pierres antiques & autres anciens monumens, par Jean - Ange Canini, gravées par Picart le Romain, Italien & François. *Amfterdam, 1721, in-4. m. r.*

1015 L'Europe illuftre, contenant l'Hiftoire abrégée des Souverains, des Princes, des Prélats, des Miniftres, &c. par M. Dreux Duradier. *Paris, 1755, in-4. 6 vol. gr. pap. fig.*

1016 Les Vies des Hommes Illuftres de Plutarque, traduites en François par Tallemant. *Lyon, 1684, in-12. 7 vol.*

1017 Hiftoire des Hommes Illuftres Grecs & Romains, de Plutarque. *Paris, 1681, in-12. 2 vol.*

1018 Vie de l'Empereur Julien. *Paris, 1735, in-12. 2 tom. en 1 vol.*

1019 Les Hommes Illuftres qui ont paru en France, avec leurs Portraits au naturel, par M. Perrault. *Paris, 1696, in-fol.*

1020 Vies des Hommes Illuftres de la France, par d'Aubigny. *Amfterdam, 1739, in-12. 25 vol.*

1021 Abrégée de la Vie des plus fameux Peintres, par M***. *Paris, 1745, in-4. 3 vol. fig. v. é.*

1022 Mémoires de Brantome. *Londres, 1739, in-12. 15 vol.*

1023 Capitaines François de Brantome, Dames galantes de Brantome. *Leyde, 1666, in-24. 4 vol. m. b.*

1024 Les Eloges & les Vies des Reines, des Princeffes & des Dames Illuftres en Piété, par Hilarion de Cofte. *Paris, 1647, in-4. 2 vol.*

1025 Mémoires de la Vie de Henriette-Sylvie de Moliere. *Paris, 1678, in-12. 6 tom. en 2 vol.*

1026 Mémoires de la Vie de Madame de Ravezan. *Paris, 1678, in-12.*

1027 Dictionnaire hiftorique, ou mélange curieux de l'Hiftoire Sacrée & Profane, par Morery. *Paris, 1759, in-fol. 10 vol.*

1028 Dictionnaire Hiftorique & Critique de Bayle. *Rotterdam, 1720, in-fol. 4 vol.*

1029 Œuvres diverſes de Bayle. *La Haye*, 1725, *in-fol.* 4 *tom. en* 5 *vol. gr. pap.*

1030 Remarques Critiques ſur le Dictionnaire de Bayle. *Paris*, 1748, *in-fol.*

1031 Analyſe raiſonnée de Bayle. *Londres*, 1755, *in-12.* 8 *vol.*

1032 Cérémonies & Coutumes Religieuſes, avec fig. de B. Picart. *Amſterdam*, 1723, *in-fol.* 9 *tom. en* 8 *vol. m. r.*

1033 Superſtitions anciennes & modernes. *Amſterdam*, 1733, *in-fol.* 2 *vol. m. r.*

Lu & approuvé, à Paris ce 17 Décembre 1781, **LECLERC**, *Syndic.*

Vu l'Approbation, permis d'imprimer. **LENOIR.**

De l'Imprimerie de P. M. **DELAGUETTE**, rue de la Vieille-Draperie.

LES Livres seront exposés dans l'ordre qui suit.

LE MARDI 15 JANVIER 1782.

THÉOLOGIE, Numéros . 4 . à . 15
JURISPRUDENCE, . 16 . à . 25
SCIENCES ET ARTS, . 27 . à . 52
BELLES-LETTRES, . 57 . à . 83
HISTOIRE, . . . 820 . à . 839
THÉOLOGIE, . . . 1 . à . 3
SCIENCES ET ARTS, ... 26

LE MERCREDI 16.

SCIENCES ET ARTS, . 54 . à . 56
HISTOIRE, . . . 840 . à . 851
BELLES-LETTRES, . 86 . à . 170
SCIENCES ET ARTS, ... 53
BELLES-LETTRES, . 85 . & . 84

LE JEUDI 17.

BELLES-LETTRES, . 171 . à . 250
HISTOIRE, . . . 853 . à 873 & 852

LE VENDREDI 18.

BELLES-LETTRES, . 251 . . à . 340
HISTOIRE, . . . 874 . à 883, 993, 994

LE SAMEDI 19.

BELLES-LETTRES, . 341 . . à . 430
HISTOIRE, . . . 884 à 891, 1032, 1033

LE LUNDI 21.

BELLES-LETTRES, . 431 . . à . 522
HISTOIRE, . . . 892 à 901, 992, 991

LE MARDI 22.

BELLES-LETTRES, . 523 . . à . 612
HISTOIRE, . . . 902 à 910, 995 à 999

LE MERCREDI 23.

BELLES-LETTRES, . 613 . . à . 702
HISTOIRE, . . . 911 à 920, 1000 à 1007

LE JEUDI 24.

BELLES-LETTRES, . 703 . . à . 792
HISTOIRE, . . . 921 à 930, 1008 à 1010

LE VENDREDI 25.

BELLES-LETTRES, . 793 . . à . 819
HISTOIRE, . . . 931 à 990, 1011 à 1031

www.ingramcontent.com/pod-product-compliance
Lightning Source LLC
LaVergne TN
LVHW022338170726
843503LV00008B/3423